天才を育む
プログラミングドリル

Mind Renderで楽しく学ぶVRの世界

白土良一／石原正雄／伊藤 宏／武富香麻里●共著

本書で取り上げられているシステム名／製品名は、一般に開発メーカーの登録商標／商品名です。本書では、™および®マークを明記していませんが、本書に掲載されている団体／商品に対して、その商標権を侵害する意図は一切ありません。

まえがき

　教育は、いつの時代でも、我々にとって大きな課題でありました。その課題を我々は上手く解決してきたのでしょうか。とても自信を持って「YES」とは言えないのではないでしょうか。

　特に子供向け教育については、多くの問題点・疑問点が山積しているように思われます。多数の学者・教育者を含む先達が、「教育を科学する」試みを膨大な時間をかけて取り組んできました。結果、限られた分野での発展はありましたが、全体としては「道半ば」の感を否めません。いや、もしかすると教育の根本は（科学ではなく）芸術である域を永遠に出ないのかも知れません。つまり、「こうすれば上手に教えられる」という定石はなく、生徒一人ひとりの特性を理解しながら、それぞれ違う教え方を考える必要があるように思われます。生徒が「自分で考える」ということを意識し、習得できるようにするための「手助けを提供する」と自覚することが大切なのかもしれません。

　『教える方』（いわゆる教師サイド）と『教えられる方』（いわゆる生徒サイド）との間に大きなギャップが存在すると考えられます。分野（何を教えるべきか）、プライオリティー（何が大事なことか）、方法（どうやって）は、多くの専門家や関係者によって考え方が違い、いつのまにか『教える方』サイドの理屈（限られた時間内で、決められたカリキュラムを消化することが目的になっている……など）だけが一人歩きしているように思われます。

　『教えられる方』の「楽しむ心、（学んだことを）実践する、"自由に"考える」が思いの外、教える方の視野に欠落していると感じるのは我々だけなのでしょうか。

　折しも、プログラミング教育を義務教育の中に組み込むという政府方針が決定し、上記のような「教育」への課題を踏まえ、我々の考え方を反映した「子供向け」プログラミング入門書を作成しよう、とここに至りました。本書は、「楽しく学べる、学んだことをすぐに実践できる、自分で考える」を大前提として書かれています。これまでのプログラミング入門書と大きく違う点は、

　　・3D技術、VR技術を取り入れたこと（最先端のコンピュータ技術）
　　・学んだことをすぐに実行して、結果をVRメガネなどで楽しめること（楽しめる）
　　・自力で課題を設定して先に進めるようオープンであること（自分で考える）

と思います。

◆ Mind Render について

Mind Renderは、ビジュアルプログラミング環境であるBlockly[※1]を、ゲーム開発プラットフォームとして広く利用されているUNITY[※2]に移植し、Blockly上でUNIYT資産を活用できるようにしています。これにより、VR（バーチャルリアリティ、仮想現実）技術、三次元空間の考え方、物理エンジン[※3]などの最新技術を理解し、利用できるようになっています。

「Mind Render」の名称は、心、精神、考えなどを意味する英語の「Mind」と、コンピュータ用語でデータを視覚的に表示することを意味する英語の「Render」の組み合わせです。子供たちが自分の頭の中にある考えを「プログラミングで表現するためのツール」として使って欲しいとの思いから名付けています。

実は、「Mind」には、もう一つの想いが込められています。それは、マサチューセッツ工科大学の故シーモア・パパート教授の著書『マインドストーム － 子供、コンピューター、そして強力なアイデア』（奥村貴世子 訳、未来社、1982）から来ています。パパート教授は、歯車を通して数学的な考え方を身につけた自身の幼児期の体験とピアジェの心理学の成果をもとに、「考えるための道具」としてコンピュータを用いた新しい教育の方向性を打ち出し、様々な実験を行いました。

我々は、パパート教授の「歯車」に相当するもの、すなわち、子供たちが自分のやり方で思考するための道具となるものを提供できたらと考えています。Mind Renderが最新のコンピュータ技術を用い、楽しみながら、何度も試行錯誤しながら、「考える」力を身につけるためのツールとなれば嬉しく思います。

（※1）Blockly：米国Google 社開発
（※2）Unity：米国Unity Technologies 社開発
（※3）物理エンジン：コンピュータ上で物体の動きを重力、摩擦、衝突などの物理法則に従って計算するソフトウェア

◆ 本書の構成

本書は、Mind Renderの基本的な使い方や、Mind Renderを使うにあたって知っておくべきことの説明から始まります。

続いて、メインとなるプログラミングに挑戦する「ラボ」（実験室）へと進みます。ラボはテーマ別に5つあり、各実験室に5～6つの「ミッション」（やるべき課題）が含まれています。各ラボは独立しているので、どのような順番で進めて頂くこともできますが、はじめの2つのラボ（ラボ1：自分の部屋をつくろう、ラボ2：ドローンを動かしてみよう）から始められることをお薦めします。

具体的には、次のようなラボ（実験室）が用意されています。すべて、VR（バーチャルリアリティ）で楽しめるようにしてあります。

ラボ1：自分の部屋を作ろう！
自分の部屋を作り、TVやベッドを置いて、VRメガネで楽しもう。

ラボ2：ドローンを動かしてみよう！
ドローンを操作して街を探索しよう。ドローンから街を見よう。

ラボ3：3Dで日本を知ろう！
日本地図の上にグラフを立体的に描こう。いろいろなデータで違うグラフを楽しもう。

ラボ4：大砲を撃ってみよう！
大砲を撃ってターゲットに当てよう。ゲームのようなエフェクトの入れ方も楽しもう。

ラボ5：サーキットを走ろう！
サーキットを作り、車を走らせよう。最後は自動運転に挑戦しよう。

◆ **本書の対象者**

　コンピュータに関する、前提となる知識は特に必要ありません。初心者でも大丈夫です。取り扱っている題材は中学生レベルを中心に構成されていますが、小学生や高校生、さらには大人の方でも十分に楽しめる内容になっています。

◆ **必要な機材**

　最低限、必要な機材は、**タブレット**（またはWindows／Macの**パソコン**）、**スマートフォン**、**VRメガネ**の3つと、**メールアドレス**になります。タブレット（またはパソコン）は「プログラムの作成」に、スマートフォンとVRメガネは「プログラムが実際にどう動くか」を確かめる、特にVRを楽しむために必要となります。

　タブレットとスマートフォンは、大まかに考えて、2016年夏以降に発売されたものを推奨します。VRメガネは安価なものでも大丈夫です。100円ショップなどでも購入できます。

　それでは、Mind Renderの世界を大いに楽しんでください。

目 次 Contents

//// ラボ1 ////

自分の部屋をつくろう！ 001

ミッション①：VR の世界をのぞいてみよう --- 003
VR で楽しんでみよう！ -- 006
VR を終了する --- 008
Mind Render の終了 --- 008

ミッション②：家具を並べよう -- 009
家具を追加する -- 011
家具を移動する -- 012
家具の向きを変える --- 017
家具の大きさを変える -- 018
家具を削除する -- 020
最初からやり直す --- 021
実験の保存について --- 021
VR で楽しもう！ --- 021
「遊び場」について --- 029

ミッション③：部屋をデコレーションしよう ------------------------------------- 030
家具に色を付ける --- 031
プログラムのコピー --- 034
ランプの色を変える --- 037
ピアノの音を鳴らす --- 037
「プログラムエリア」の拡張 -- 038
プログラムの縮小 --- 039
応用編 --- 039

ミッション④：部屋の中を歩こう -- 049
ジョイパッドコントローラーで男の子を歩かせよう ---------------------- 050
ジョイパッドコントローラーのプログラム ---------------------------------- 050
3 次元ワールドの座標 -- 054
猫のプログラム -- 055
視点変更のプログラム（カメラ）--- 058

ミッション⑤：お掃除ロボットで部屋を掃除しよう（1）------------------- 064
＜ステップ 1 ＞直進する --- 066

＜ステップ2＞ 直進を繰り返して部屋全体を掃除する ───────── 068

＜ステップ3＞ 床の色を変える ─────────────────── 072

ミッション⑥：お掃除ロボットで部屋を掃除しよう（2）───────── 076

＜ステップ4＞ 自動掃除ロボットを作成する ───────────── 077

＜ステップ5＞ 障害物を置いてみる ────────────────── 085

ラボ2

ドローンを動かしてみよう！ 089

ミッション①：住宅街でドローンを飛ばして自動操縦に挑戦しよう ───── 091

＜ステップ1＞ 街中を探索してみよう ────────────────── 093

＜ステップ2＞ ストップウォッチで時間を測ろう ─────────── 095

＜ステップ3＞ プログラミングで自作タイマーを作ろう ──────── 097

＜ステップ4＞ 自動操縦に挑戦しよう ────────────────── 104

VRで楽しんでみよう！ ───────────────────────── 112

ミッション②：高層ビル街を自由に飛ぼう ───────────────── 115

遠近法と等角法 ──────────────────────────── 115

このミッションで挑戦すること ──────────────────── 116

ミッション③：マーカーボックスに次々とドローンを当ててみよう ───── 117

時間を計測するタイマーの作成 ──────────────────── 118

ミッション④：自動的に巡回するプログラムを作ろう ───────────── 119

＜ステップ1＞ スタート位置から2つの場所を自動巡回する ────── 119

＜ステップ2＞ 配達先の座標を伝えて自動巡回させる ──────── 123

ミッション⑤：カメラをコントロールしてフライト風景を楽しもう ───── 130

自動操縦プログラムの作成 ────────────────────── 130

カメラの設定を変えるプログラムの作成 ─────────────── 134

上級編 ──────────────────────────────── 136

ラボ3

3Dで日本を知ろう！　　　139

ミッション①：立体グラフをVRで見てみよう ---------- 141
VRで3Dグラフを体験 ······················· 142
カメラのプログラム（1） ····················· 142
カメラのプログラム（2） ····················· 144
日本地図のプログラム（1） ··················· 145
日本地図のプログラム（2） ··················· 146

ミッション②：座標を調べてグラフを描いてみよう ---------- 149
Pinを使った座標の調べ方 ····················· 149
グラフを描画するプログラムの作成 ·············· 151

ミッション③：日本地図にグラフを描こう ---------- 154
グラフの作成に使用するデータ ················· 154
データを0～10の範囲に変換してグラフを描画する ·· 155

ミッション④：データを読み込んでいくつものグラフを描こう -------- 157
変数とリストの違い ························· 157
リストの作成 ····························· 158
リストを使ったグラフの描画 ··················· 164

ミッション⑤：世界地図にグラフを描こう ---------- 166
グラフの基になるデータを探す ················· 166
データを0～10の範囲に変換する ················ 167
各国の座標を調べてグラフを描く ··············· 167

ラボ4

大砲を撃ってみよう！　　　169

ミッション①：サンプルプログラムを使って標的を撃ってみよう -------- 171
試しに大砲を撃ってみる ······················ 172
用意されているオブジェクト ··················· 173
「カメラ」に登録されているプログラム ·············· 174
背景の「砂丘」に登録されているプログラム ········· 175
「砲身」と「砲台」の設定 ······················ 176
「砲弾」に登録されているプログラム ·············· 177

「標的の車」に登録されているプログラム ··· 181

ミッション②：3つの標的を狙って撃ってみよう ------------------------------ **183**
大砲を撃って3つの標的に当てる ··· 183
「砲弾」に登録されているプログラム ··· 184
「標的の車」に登録されているプログラム ··· 186

ミッション③：横風を考えながら標的を狙おう --------------------------------- **188**
「風エリア」に登録されているプログラム ··· 188
「砲弾」に登録されているプログラム ··· 190

ミッション④：VR で楽しんでみよう -- **194**
「カメラ」に登録されているプログラム ··· 194
「砲弾」に登録されているプログラム ··· 197

ミッション⑤：壁を飛び越えて標的を狙おう ------------------------------------- **199**
「砲弾」に瞬間的に与える力の調整 ··· 200

/// ラボ5 ///

サーキットを走ろう！ 203

ミッション①：ジョイパッドコントローラーで車を操縦してみよう ---------- **205**
車を操縦してみよう ··· 207
「カメラ」の設定 ··· 208
「左コントローラー」に登録されているプログラム ································· 208
「右コントローラー」に登録されているプログラム ································· 209
「車」に登録されているプログラム ·· 211
「トラックコース」の設定 ·· 212

ミッション②：自分の運転を記録して VR で楽しもう ----------------------------- **214**
「車」に追加したプログラム ·· 215
サーキット走行を VR で楽しむ ··· 217

ミッション③：自動運転をさせるプログラムを作ろう ----------------------------- **218**
コース上に設置された矢印と角度の考え方 ·· 218
「カメラ」に登録されているプログラム ··· 222
「車」に登録されているプログラム ·· 222
「サーキット」に使われている背景 ·· 223
「自動運転式」のマクロについて ·· 223
「矢印」に登録されているプログラム ·· 226

IX

ミッション④：雪山を走ろう -- **227**

「雪山」の背景 228

「カメラ」に登録されているプログラム 228

「車」に登録されているプログラム 229

「ジョイパッドコントローラー」に登録されているプログラム 229

VR で楽しむためのプログラム 230

イベント命令を使った応用例 231

ミッション⑤：自分でコースを作ってみよう -------------------------- **235**

自作コースの作成手順 236

自由研究 --- **239**

自由研究 1「太陽系を観察しよう」 239

自由研究 2「自動運転・上級編」 242

命令一覧 246

ラボ（実験室）に進む前に

　まずは、Mind Render でプログラミングや VR（バーチャルリアリティ）を楽しむために知っておくべきことについて説明します。

必要なハードウェア

　Mind Render でプログラムを作成したり、VR を楽しんだりするには、次のものが必要となります。

◆ タブレットまたはパソコン

　プログラムの作成に必要となります。タブレットを推奨します（パソコンの場合は、VR など一部機能制限があります）。タブレットの場合は、2016年夏以降に発売されたものを推奨します。

◆ スマートフォン（iPhone または Android）

　作成したプログラムを VR で楽しむために必要となります。2016年夏以降に発売されたものを推奨します。

◆ VR メガネ

　VR を見るためのメガネです。VR ゴーグルとも言います。作成したプログラムを VR で楽しむ際に必要となります。安価なもので大丈夫です。100円ショップやインターネット通販などで購入してください（長時間連続して VR を見ないようにしてください）。

Mind Render を手に入れる

　「Mind Render」アプリケーションは、Apple の「App Store」や、Google の「Play ストア」から無料でダウンロードできます。なお、各ストアからアプリケーションをダウンロードする方法については、インターネットなどで調べてください。

◆ iPad、iPhone の場合

　App Store（アップストア）で「Mind Render」をダウンロードしてください。

◆ Android タブレット、Android 端末の場合

　Google Play ストア（グーグルプレイストア）で「Mind Render」をダウンロードしてください。

◆ Mac の場合

Mac App Store（マックアップストア）で「Mind Render」をダウンロードしてください。

◆ Windows の場合

Microsoft Store（マイクロソフトストア）で「Mind Render」をダウンロードしてください。

　プログラミングに使用するハードウェアと、VRを見るときに使用するハードウェアの組合せは自由です。たとえば、プログラミングはAndroidタブレットで行い、VRはiPhoneで見る、などの組み合わせが可能です。

Mind Renderの起動

　Mind Renderをダウンロードできたら、起動してみましょう。以下のような画面が表示されます。

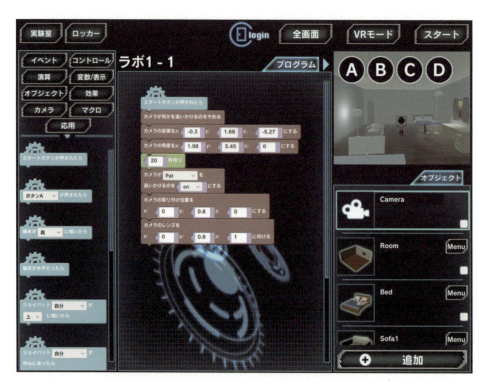

　なお、Macを使用している場合は、初期画面の前に次のようなダイアログが表示される場合があります。これは、Mind Renderを開くウィンドウの条件などを指定する設定画面となります。Windowsの場合は、あらかじめ指定された設定に従って表示されます。

Mac版のダイアログ

◆ **Screen resolution**（画面解像度選択）

　この項目に選択肢が表示されている場合は、基本的に「現在使用しているモニター」と同じ解像度を指定することをお勧めします。

◆ **Windowed**（ウィンドウモードの選択）

　チェックを入れると、ウィンドウモードになります。ウィンドウモードでは、ブラウザやメールなどの他のアプリケーションも画面に表示することができます。チェックを外すと、Mind Renderだけが画面全体に表示されます。なお、ウィンドウモードにすると、動作が遅くなる場合があります。

◆ **Graphics Quality**（グラフィックス設定）

　画質モードを選択します。上に表示されているものほど「描画スピード重視」になり、「Fastest」が最もスムーズにグラフィックスが描画されます。動作が重いと感じる場合は、なるべく上の方に表示されているモードを選択してください。下に表示されているものほど「表現重視」になり、「Fantastic」が最もきれいな画質になります。

◆ **Graphics device to use**

　通常はこのままで問題ありません。

◆ **Only show this dialog if the option key is down**

　チェックを入れると、次回起動時から、このダイアログは表示されなくなります。再度、ダイアログを表示したい場合は、**キーボードの［Option］キーを押しながら**Mind Renderを起動します。

XIII

これらの設定は自動的に保存されます。設定が終わったら「Play!」ボタンをクリックします。設定を後から変更することも可能です。

※注意：Macでは、Mind Render起動時にAppleのGame Center利用規約への同意や、Apple IDの入力、ニックネームの作成などが求められる場合があります。ニックネームは作成しなくても利用できますが、起動のたびに作成を求められます。

全画面表示における終了方法

Mind Renderが画面全体に表示されている場合は、以下に示した方法で終了します。

＜Macの場合＞
　以下のいずれかの方法でMind Renderを終了します。

・Mind Renderの上端にカーソルを移動すると、メニューバーが表示されます。「Mind Render」メニューから「Quit MindRender」を選択します。
・もしくは、Mind Renderの上端にカーソルを移動してメニューバーを表示し、左端にある「閉じる」ボタンをクリックします。
・もしくは、キーボードの［command］＋［Q］キーを押します。

＜Windowsの場合＞
　以下に示した手順でMind Renderを終了します。

1. キーボードの［Alt］キー（左右どちらでも可）を押したままにします。
2. 続いて［Tab］キーを押し、すぐに離します（［Alt］キーは離しません）。
3. 起動中のアプリが一覧表示されるので、Mind Renderの右上にある✕をクリックします。

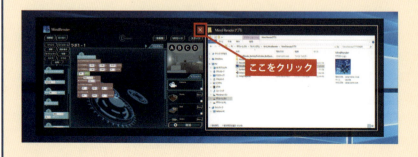

凡例

本書では、以下のルールに従って説明文などを記載しています。

・掛け算記号の「×」（かける）と英字の「x」（エックス）を区別するために、掛け算記号の「×」は赤字で記載します。

（例）a×b …………………… aかけるb
　　　x座標、x軸 ……… エックス座標、エックス軸

・プログラミングで使う命令には、数字や文字を入力したり、一覧から選択肢を選んだりする箇所があります。これらの操作は“ ”（ダブルクォーテーション）で囲って記述してあります。

（例）命令「“ボタンA”が押されたら」の“ボタンA” ……… ボタンA～Dの中から選択
　　　命令「“0.5“秒待つ」の“0.5” ………………………………… キーボードから数字を入力

Unity（ユニティ）について

Mind Renderは、米Unity Technologies社のUnity（ユニティ）という開発環境を使って開発されました。Unityは多くのゲーム開発に使用されており、特に3D（三次元）やVR（バーチャルリアリティ）技術を使ったゲーム開発がしやすいことで有名です。

Mind Renderは、「3DやVRといった最新技術が簡単に使え、自分が作ったプログラムをVRですぐに楽しめるようなプログラミング環境を提供したい」という想いで開発しました。

開発者について

Mind Renderは、株式会社モバイルインターネットテクノロジーと、STEM wise社（本社：シンガポール）が企画、開発しました。

モバイルインターネットテクノロジーは、2004年に設立されて以来、モバイル（携帯電話やスマートフォン、タブレット）向けのアプリケーション開発に特化し、金融を中心としたビジネス分野、ならびにゲームなどのエンターテインメント分野の両方において豊富な実績を持っています。

STEM wise社は、ASEAN各国の学校やアフタースクール向けのSTEM教育導入支援、コンサルティングを専門とし、STEM教育の教材やメソッドの開発にも携わっています。

プログラム開発に携わっている二社による教育コンテンツとして、Mind Renderの共同開発を進めてきました。

VRに関するお願い：

・13歳未満の方はVRを使用しないでください。
・長時間連続してVRを使用しないようにしてください。乗り物酔いのような症状、頭痛、吐き気などを感じた場合は、直ちに使用を中止してください。

謝辞

本書を出版するにあたり、多くの方からサポートやアドバイスを頂きました。ここに改めて感謝の意を表したいと思います。

特に、日本大学の夜久竹夫名誉教授（日本情報科教育学会副会長）からは、本の構成、学校のカリキュラムとの対応に関するアドバイスを、また（株）ヴィリング代表取締役（STEM教育スクール運営など）中村一彰氏からは、Mind Renderソフトウェアの教育現場での評価機会と貴重なフィードバックを頂きました。また、田中秀平氏にはプログラミングの助言と開発作業のサポートを頂きました。三浦沙織氏にはデザイン作業を、土井淳氏にはサーバー機能の開発作業をそれぞれ担当して頂きました。

とりわけ、編集の阿久澤裕樹氏には、筆者達の執筆作業に不慣れな所を補って頂き、厳しいスケジュールの中、忍耐強く完成までお付き合い頂いたことに深く感謝申し上げます。

最後に、およそ1年間にわたりMind Renderソフトウェアの開発と書籍執筆という新しい試みに対し、実作業を含め総合的にサポートして頂いた（株）モバイルインターネットテクノロジーの皆様にお礼申し上げます。

書籍購入特典について

本書をご購入いただいたお客様は、ロッカーに保存できる実験数が3倍になる「ロッカー拡大サービス」をご利用いただけます。ロッカー拡大サービスの利用方法については、本書の巻末にある「袋とじ」を参照してください。

自分の部屋をつくろう！

ミッション①：VRの世界をのぞいてみよう
ミッション②：家具を並べよう
ミッション③：部屋をデコレーションしよう
ミッション④：部屋の中を歩こう
ミッション⑤：お掃除ロボットで部屋を掃除しよう（1）
ミッション⑥：お掃除ロボットで部屋を掃除しよう（2）

はじめに

　このラボでは、家具を並べてバーチャルの世界に「あなたの部屋」をつくります。部屋を作ったら、プログラムで家具に色を付けたり、ランプの色を変えたりしてみましょう。キャラクターを動かすプログラムや、Mind Renderの世界を見る"カメラ"についても学びます。最後は、お掃除ロボットのプログラミングに挑戦します。これらのミッションを進めながら、Mind Renderの基本操作を覚えていきましょう。

◆ このラボのミッション
　ラボ1「自分の部屋をつくろう！」には5つのミッションが用意されています。

> **ミッション①：VRの世界をのぞいてみよう**
> VRメガネをかけて、VRの世界にある部屋の中をのぞいてみましょう。
>
> **ミッション②：家具を並べよう**
> 部屋に家具を並べて、あなたのオリジナルの部屋を作ります。部屋ができたらVRで楽しみましょう。
>
> **ミッション③：部屋をデコレーションしよう**
> 家具の色を変えたり、ランプの色を変えたり、音を鳴らすプログラミングに挑戦します。
>
> **ミッション④：部屋の中を歩こう**
> ジョイパッドコントローラーを操作して部屋の中を歩いてみましょう。
>
> **ミッション⑤：お掃除ロボットで部屋を掃除しよう（1）**
> お掃除ロボットで部屋を掃除するプログラミングに挑戦します。
>
> **ミッション⑥：お掃除ロボットで部屋を掃除しよう（2）**
> 少し高度な自動掃除プログラムを自分で考えてみましょう。

VRの世界をのぞいてみよう

さっそく、ミッションを開いてみましょう。Mind Renderを初めて起動したときは、下図のような**「ラボ1－1」**（ラボ1のミッション①）の画面が表示されます。

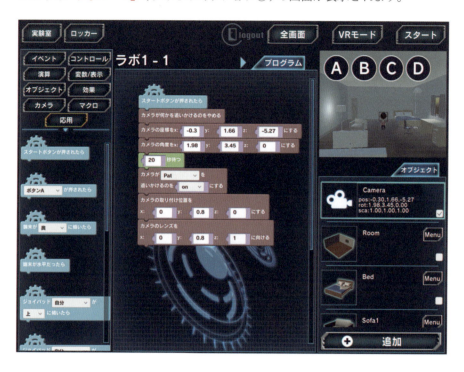

2回目以降は、**前回に開いたミッション**が開きます。別のミッションを開くには、画面左上にある**「実験室」ボタン**を押します。

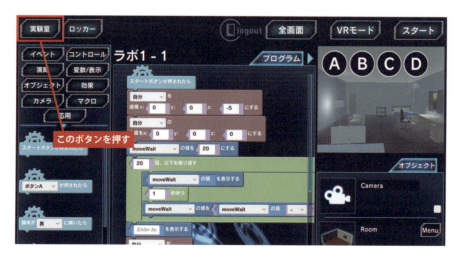

「実験室」の画面が表示されます。この画面には、Mind Renderの**実験室**と**各ミッション**が並んでいます。白いボタンは一度も開いたことがないミッションです。一度でも開くとボタンは緑色になります。

緑色のボタンを押した場合は、「最初から」と「続きから」のボタンが表示されます。前回の続きから始めたいときは**「続きから」**を選びます。**「最初から」**を選ぶと、前回までの作業内容が全て消去され、初期状態で開きます。間違って作業内容を消去しないように注意してください。

画面右上にある「小画面」では、現在のミッションの様子を見ることができます。「全画面」ボタンを押すと、全画面に拡大表示されます。どんな様子かじっくり見てみましょう。

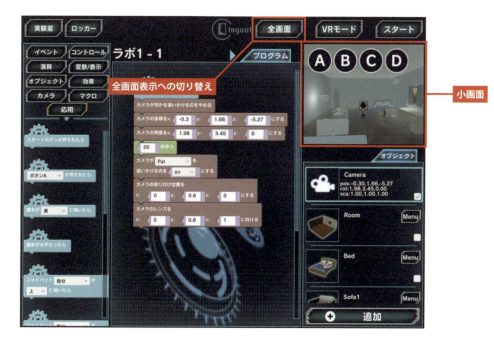

部屋の全容は以下の図のようになっています。

タブレットの場合は、二本の指で画面を動かすと、部屋をいろいろなアングル（角度）で見ることができます。

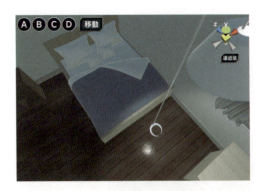 

最初の状態に戻すには、画面右上にある「3次元アイコン」の真ん中の四角形を押します。

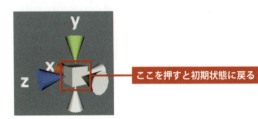

ここを押すと初期状態に戻る

VRで楽しんでみよう！

　この部屋はVRで見ることもできます。VRで見るとどんなふうに見えるのか、ちょっとのぞいてみましょう。VRを楽しむためには、以下の機材を用意する必要があります。

◆用意するもの
　・VRメガネ
　・VRメガネに取り付けられる大きさのスマートフォン
　・スマートフォンにあらかじめMind Renderをダウンロードしておく
　　※「App Store」または「Google Playストア」からMind Renderをダウンロードしてください。

◆VRメガネに取り付けるスマートフォンについて
　VRを体験するには、VRメガネに加えてスマートフォンが必要になります。あなたは今、Mind Renderを「タブレット」または「パソコン」で起動していると思います。タブレットやパソコンは画面が大きく、プログラミングをするときには便利ですが、VRメガネに取り付け

ることはできません。そこで、作成したプログラムをVRで見るときは、VRメガネに取り付けられる大きさのスマートフォンを使用します。

　用意ができたら、VRで見てみましょう。手順を説明します。

（1）スマートフォンでMind Renderを起動します。
（2）「ラボ1-1」が開いたら、**「全画面」ボタン**を押して部屋を全画面に表示します。続いて**「スタート」ボタン**を押し、最後に**「VRモード」ボタン**を押します。ボタンは3つとも画面の右上にあります。

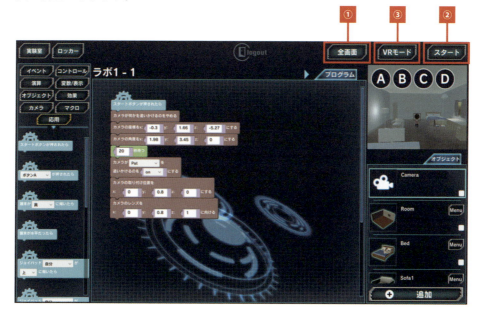

（3）**VRモード**に切り替わると、下図のように**画面が左右2つに分かれて表示**されます。このような状態になったら、VRメガネにスマートフォンを取り付け、メガネをのぞいてみてください。

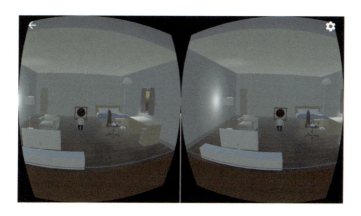

ラボ1　自分の部屋をつくろう！

　VRメガネをかけたら、正面だけでなく、横を向いたり、後ろを振り返ったり、上や下を見てみてください。前後左右や上下をぐるりと見わたすことができます。20秒のカウントダウンが終わると、部屋の中を移動し始めます。

　赤い点は、あなたの視点です。そのまま同じところを見つめていると、点の周囲に赤い円がくるりと描かれます。ランプを円が閉じるまで見ていると、ランプの色が変わるようにプログラミングされているので試してみましょう。

　VRメガネをかけているときは指（マウス）で画面を操作することができないため、画面をタップ（クリック）する代わりに視点で操作する仕組みになっています。部屋の中を移動したり、ランプの色を変えたりする仕組みについては、後のミッションで詳しく説明します。

VRを終了する

　VRを終了するときは、VRメガネからスマートフォンを取り出し、画面左上にある「＜」のアイコンを押してください。部屋の全画面表示に戻ります。

Mind Renderの終了

　Mind Renderを終了するときの操作手順は、他の一般的なアプリを終了する場合と同じです。

家具を並べよう

　ミッション②に進む前に、Mind Renderの**画面各部の名称**を紹介しておきます。以降は、これらの名称を使って説明を進めていくので、よく覚えておいてください。

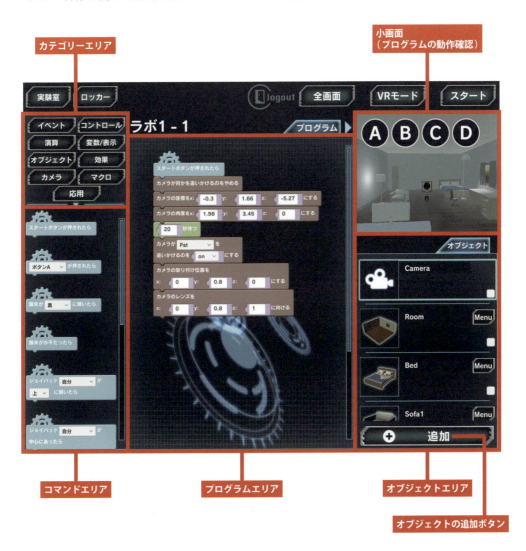

では、ミッション②を始めましょう。「実験室」を開き、「**ラボ1　自分の部屋をつくろう**」の②を押します。下図は、②を開いたところです。

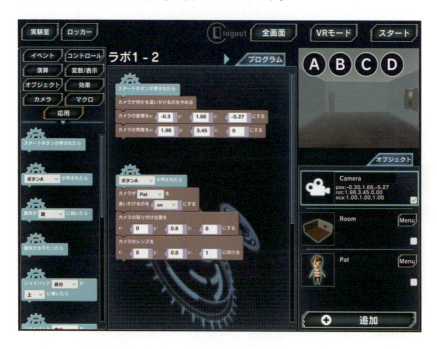

全画面表示でも見てみましょう。今度の部屋は空っぽです。ここに自由に家具を並べて、自分の部屋を作っていきます。

家具を追加する

　さっそく、家具を追加していきましょう。家具を追加するときは、「小画面」に戻して、「オブジェクトエリア」の一番下にある「追加」ボタンを押します。すると、以下のような画面が表示されます。

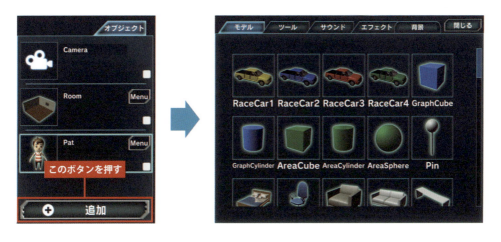

　画面を少し下へスクロールすると、家具が表示されます。例としてベッド"Bed"をタップ（クリック）してみます。すると、部屋の真ん中にベッドが追加され、同時に「オブジェクトエリア」にも"Bed"が追加されます。

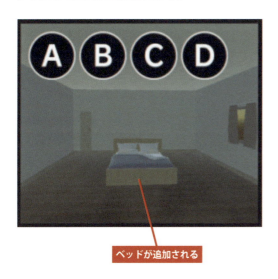
ベッドが追加される

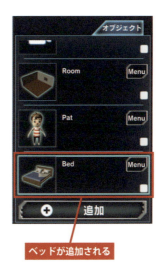
ベッドが追加される

> ## Tips
>
> ### オブジェクト
>
> 「オブジェクトエリア」にある「追加」ボタンを押すと、家具だけでなく、車／ドローン／道路のパーツ／天体など、さまざまなアイテムが表示されます。Mind Renderでは、これらのアイテムを「オブジェクト」[※1]と呼びます。
>
> オブジェクトには、家具や車などの物体、少年や猫のような生物のほかに、効果音や特殊効果もあります。オブジェクトは、以下のように分類されています。
>
> - **モデル** ……………… 家具／車／ドローン／天体などの物体、少年／猫などの生物。プログラムを作って動かすことができます。
> - **ツール** ……………… ボタン／ジョイパッドコントローラー／ストップウォッチなど。他の物体をコントロール、操作するものです。
> - **サウンド** …………… 効果音。「Play」ボタンを押すと視聴できます。
> - **エフェクト** ………… 衝突／爆発の炎／火花などの特殊効果。「Play」を押すと試し見ができます。
>
> Mind Renderの世界は「オブジェクト」と「背景」から成り立っています。背景は、部屋／街／宇宙など各ミッションの舞台となる場所で、ミッションごとに必ず1つ決める必要があります。ラボ1を例にとってみると、「部屋」が背景で、部屋の中にある「家具」がオブジェクトになります。
>
> （※1）オブジェクト（object）とは、「物体、対象物」という意味を表す英単語です。

家具を移動する

部屋の真ん中にベッドがあると邪魔なので、部屋の右隅に移動してみましょう。家具を動かすときは「全画面」に切り替えます。部屋を真上から見下ろしたほうが作業しやすいので、「3次元アイコン」を使って別のアングルにします。「y」と書かれた矢印（円錐形）を押すとアングルが変わり、部屋を真上から見下ろすことができます。

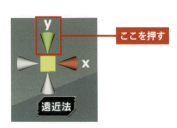

部屋を真上から見た様子です。画面上部に「**移動**」という四角いボタンがあります（このボタンは、プログラムが停止状態のときにしか表示されません。表示されていない場合は「ストップ」ボタンを押してください）。

　「移動」ボタンが表示されている状態でベッドをタップ（クリック）すると、下図のように**矢印（円錐形）**が表示されます。

　この円錐形を使って、オブジェクトを前後左右に移動します。

- **青** ……………… 前後に移動できます。
- **赤** ……………… 左右に移動できます。
- **緑** ……………… 上下に移動できます。
  ※上の図では部屋を真上から見下ろしているため、「緑色の円錐形」も真上から見下ろしていることになり、丸く見えます。

013

それぞれの円錐形をタップ（クリック）すると、色が黄色に変わります。「黄色の円錐形」は、操作できることを示しています。

オブジェクトを移動するときは、**目的の方向の円錐形（または線）をタップ（クリック）**して色を黄色に変更し、**指でなぞって（またはマウスをドラッグして）希望の位置まで動かします**。例えば、「赤色の円錐形」をタップし、黄色になったら右の方へ動かします。操作のコツは、円錐形の方向と同じ向きに動かすことです。

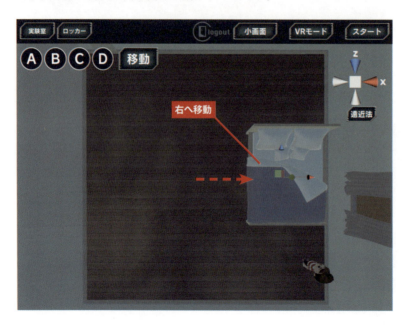

円錐形が消えてしまった場合は、もう一度ベッドをタップすると再表示できます。円錐形を消すときは、別の場所をタップします。反対側、例えば左側へ動かしたいときも「赤い円錐形」を使います。タップして黄色に変わったら、左の方へ動かします。

続いて、「青色の円錐形」に指を置いて、上の方へ動かします。斜めに動かすことはできないので、最初に右へ動かし、次に上へ動かす、という二段階の操作を行います。

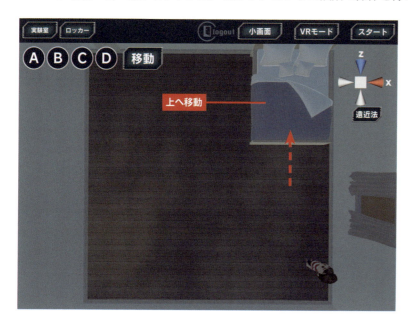

　これで、ベッドを部屋の右隅へ移動することができました。

(操作上の注意)
- タブレットで操作を行うときは、一本の指で操作するようにしてください。二本の指で画面に触れると、部屋の大きさが変わったり、部屋が傾いたりします。もし、そうなってしまった場合は、画面右上にある「3次元アイコン」の「真ん中の四角形」を押すと、元のアングルに戻ります。
- 一度に、一つの円錐形しか反応しません。
- パソコンで操作するときも同様です。「指、タップ」を「マウス、クリック」と読み換えて操作してください。
- 家具は部屋の中央に追加されるため、別の家具が置いてあると、追加したときにぶつかってひっくり返る可能性があります。部屋の中央は空けておくようしてください。

部屋を最初のアングルに戻すときは、真ん中の四角形を押します。また、「三次元アイコン」の四方に突き出た矢印（円錐形）を押すと、カメラの位置を切り替えるような感じで、部屋をいろいろな角度から見ることができます。

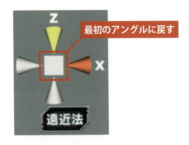

部屋の奥の方へ移動したベッドは小さく表示されます。これは、遠近法により、「近くにあるものは大きく」、「遠くにあるものは小さく」表示されるためです。

家具の向きを変える

　今度は、ソファを追加してみましょう。「小画面」に切り替えて、画面右下にある「追加」ボタンを押します。「モデル」画面が表示されたら"Sofa1"を押します。下図のように、部屋の真ん中にソファが追加されるので、少し左下の方へ寄せてみましょう。

　ソファを移動できたら、向きを変えてみましょう。向きを変えたいときは「回転」ボタンを使います。「移動」ボタンを押すと、「回転」ボタンに切り替わります。

　このボタンは、押すごとに「移動」→「回転」→「大きさ」→「移動」→「回転」……と順番にボタンの種類が変わっていきます。このように、押すごとに内容が切り替わっていくボタンのことを「トグルボタン」と言います。

　「回転」ボタンの状態で家具をタップ（クリック）すると、下図のような円が表示されます。円内にある線に指を置いて上下左右に動かすと、家具の向きが変わります。動かす線に応じて、3次元でぐるぐる回るので、いろいろ試してみましょう。

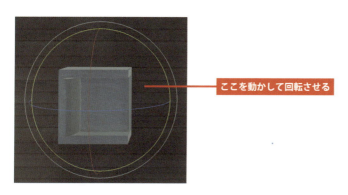

（操作上の注意）
- 家具は、どこにでも移動でき、どんな方向にも回転できるようになっています。家具を動かしているうちに壁をすり抜けたり、床にもぐったりして、見えなくなってしまう場合もあります。この場合は、もう一度、家具を追加しなおしてください。
- ただし、画面からは見えなくなった家具も、Mind Renderの3次元ワールドのどこかに残っています。見えなくなった家具は「オブジェクトエリア」から削除するようにしてください（オブジェクトを削除する手順はP20を参照）。

家具の大きさを変える

　家具は、大きさを変えることもできます。大きさを変えたいときは、画面上部にあるボタンを押して「**大きさ**」ボタンに切り替えます。

　ここでは例として、ベッドの高さを変えてみましょう。ベッドをタップ（クリック）すると、**先端に四角形が配置された線**が表示されます。この線を使ってオブジェクトの大きさを変えます。

- **青** ………… 前後に拡大／縮小できます。
  - ※上の図ではベッドを手前から見ているため、「青色の線」は見えません。
- **赤** ………… 左右に拡大／縮小できます。
- **緑** ………… 上下に拡大／縮小できます。

　それぞれの線をタップ（クリック）すると、色が黄色に変わります。「黄色の線」は、操作できることを示しています。

オブジェクトの大きさを変えるときは、目的の方向の四角形（または線）をタップ（クリック）して色を黄色に変更し、指でなぞって（またはマウスをドラッグして）希望のサイズになるまで動かします。例えば、「赤の四角形」をタップし、黄色になったら右の方へ動かします。操作のコツは、線の方向と同じ向きに動かすことです。

　高さを低くしたいときは「緑の四角形」を使います。タップして黄色に変わったら、下の方へ動かします。

 Tips

物理エンジン

　「移動」ボタンを使って家具を上へ移動し、宙に浮かせることも可能です。ただし、「スタート」ボタンをタップすると、家具は床に落ちてしまいます。これは物理エンジンの働きによるものです。

　物理エンジンとは、コンピュータ内の仮想世界で、物を現実世界と同じように動かすための仕組みです。これにより、物が落ちたり、ぶつかって反発したりする動作が実現されます。

　オブジェクトの移動／回転／サイズ変更といった操作をしている間は、物理エンジンがオフになっているため、家具などを宙に浮かせることも可能です。ただし、これらの操作を終えると、物理エンジンがオンになり重力が働くため、オブジェクトは床の上に落ちてしまいます。

家具を削除する

　家具がひっくり返るなどして、うまく動かせなくなった場合は、その家具をいちど削除して、もう一度やり直します。「オブジェクトエリア」で削除したい家具のアイコンを押し、「Menu」ボタンを押すと、3つのボタンが表示されます。この中にある「削除」ボタンを押すと、その家具を削除できます。

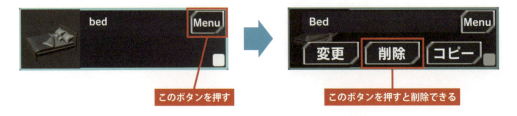

> 📖 **Tips**
>
> ### オブジェクトエリア
>
> 　「オブジェクトエリア」には、全てのオブジェクトと背景のうち、それぞれのミッションで追加したオブジェクトと背景が表示されます。オブジェクトエリアでは、各オブジェクトについて以下のような操作が行えます。
>
>
>
> ・「Menu」ボタンを押すと、「変更」「削除」「コピー」の3つのボタンが表示されます。それぞれ、オブジェクトの変更、削除、コピーを実行できます。
> ・「オブジェクト名」を押すと、そのオブジェクトの名前を変更できます。オブジェクト名には、ひらがな／カタカナ／漢字／英数字を使用できます（例：ベッド、机1）。
> ・右下にある四角形にチェックを入れると、オブジェクトの現在位置（pos）などの情報が表示されます。

最初からやり直す

もういちど最初から全部やり直したいときは、ミッションを開きなおします。「**実験室**」を開き、「ラボ1　自分の部屋をつくろう」の②を押します。続いて、「**最初から**」**ボタン**を押すと、何もない空っぽの部屋から再スタートできます。

最初から何度でもやり直すことができるので、いろいろな家具を追加し、自由に部屋を作ってみてください。

実験の保存について

各ミッションで作業した内容や作ったプログラムは、タブレットやパソコンの中に**自動的に保存される**仕組みになっています。このミッションで作った部屋も自動的に保存されるので、自分で保存する必要はありません。

以前に一度でも開いたことがあるミッションには、「最初から」と「続きから」の2つボタンが表示されます。「**最初から**」を選択すると、過去の保存内容が全てクリアされ、これまでの作業がゼロに戻ります。「**続きから**」を選択すると、前回の続きから始められます。

VRで楽しもう！

部屋が完成したら**VR**で見てみましょう。VRは、スマートフォンでしか見ることができません。また、自分が行った実験をVRで楽しむためには、タブレットやパソコンで作業した内容を「ネットワークロッカー」に預け、そのデータをスマートフォンに取り出す必要があります。以下に、その手順を説明します。

1 タブレットやパソコンの実験をロッカーに預ける

あなたが行った実験（ここでは「あなたが作った部屋」）は、作業したタブレットやパソコンの中に保存されています。VRを見るときはスマートフォンを使うので、この部屋を何とかしてスマートフォンに取り出す必要があります。

このような場合に「**ネットワークロッカー**」を使います。「ネットワークロッカー」は"ネットワーク上にあるロッカー"のような存在で、どこからでも、別のコンピュータからでも利用できます。一般的に"クラウド"と呼ばれているものと同じです。まずは、この「ネットワークロッカー」（以下、ロッカー）に実験ファイルを預けましょう。

<ユーザー登録>　※初回のみ
　初めてロッカーを使うときは、以下の手順でユーザー登録を済ませておく必要があります。

（1）画面左上にある**「ロッカー」ボタン**を押します。

（2）以下のような画面が表示されるので、**「新規登録」ボタン**を押します。

（3）自分の**メールアドレス**を入力し、**「新規登録」ボタン**を押します。

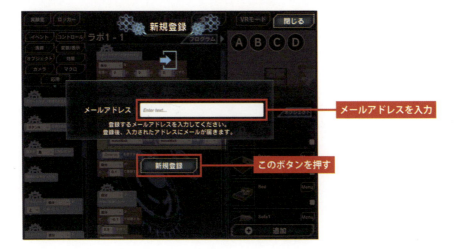

（4）入力したメールアドレス宛に「ユーザー登録（アプリ名：MindRender）」という件名のメールが届きます。メール本文に記載されている**URL**をタップ（クリック）して**ユーザー登録**を行います。

※注意：
- パスワードは最大32文字までで、アルファベット、数字のみ使用できます。アルファベットの大文字と小文字は区別されます。
- 登録したメールアドレスとパスワードは忘れないようにしてください。また、パスワードは大切に保管し、他人に教えたりしないようにしてください。もし他の人があなたのメールアドレスとパスワードを使ってログインした場合、あなたの作ったプログラムが見えてしまいます。注意するようにしてください。

（5）ユーザー登録が完了すると、入力したメールアドレス宛に「ユーザー登録完了（アプリ名：MindRender）」という件名のメールが届きます。このメールに記載されているユーザー名はシステムから自動的に発行されるものであり、システムが使用します。

※お願い：メールアドレスの登録は、1人1個としてください。

＜ログイン＞

ロッカーに実験を預けたり、ロッカーから実験をコピーしたりするときは、**ログイン**が必要です。ユーザー登録した直後は、自動的にログイン中になっています。ログイン中であるかどうかは、画面上部にある「ログイン」アイコンで判別できます。右図（上）は**ログイン中**、（下）は**ログアウト後**のアイコン表示です。

ログイン中

ログアウト後

アイコン表示がログアウトになっている場合は、以下の手順でログインを行います。ログイン中の場合は、次ページの<実験を預ける>に進んでください。

（1）画面左上にある「ロッカー」ボタンを押します。

（2）続いて表示される画面で「ログイン」ボタンを押します。

（3）登録したメールアドレスとパスワードを入力し、「ログイン」ボタンを押します。

（4）ログインすると、画面上部にログイン中のアイコンが表示されます。

＜実験を預ける＞

　ユーザー登録が完了したら、以下の手順で実験を「ネットワークロッカー」に預けます。

（1）VRで見たい実験を開きます。例えば、ラボ1「自分の部屋をつくろう」の②を開きます。
　　 続いて、画面左上にある**「ロッカー」ボタン**を押します。

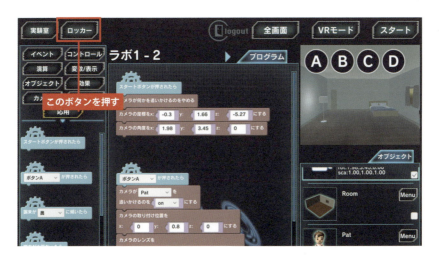

（2）以下の画面が表示された場合は、**「ログイン」ボタン**を押してログインします。すでに
　　 ログイン中の場合は**手順（3）**へ進みます。

（3）以下の画面が表示されます。「タイトル」には「ラボ番号とミッション番号」が自動的に入力されます。わかりやすいように名前を変えておきましょう。タイトル文字には、ひらがな／カタカナ／漢字／アルファベット／数字が使えます。上限は32文字です。タイトル文字を入力できたら「保存」ボタンを押します。

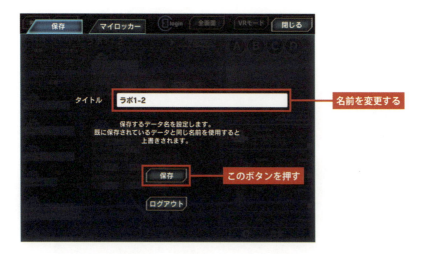

（4）預けたプログラム（実験）は、「マイロッカー」で確認できます。

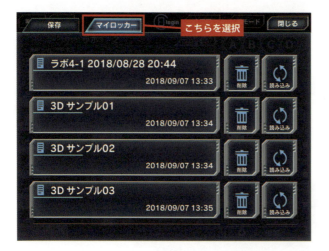

2 ロッカーから実験を取り出し、スマートフォンに入れる

ここからの作業は**スマートフォン**で行います。スマートフォンにMind Renderをインストールしていない場合は、あらかじめ「App Store」または「Google Playストア」からMind Renderをダウンロードしておいてください。

（1）スマートフォンでMind Renderを起動し、**「ロッカー」ボタン**をタップします。

（2）以下の画面が表示されるので、**「ログイン」ボタン**をタップします。

（3）登録した**メールアドレス**と**パスワード**を入力し、ログインします。

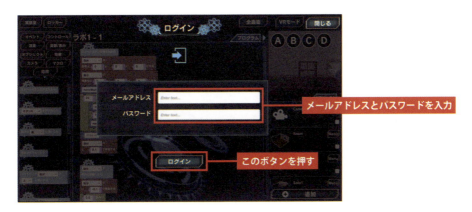

（4）**「マイロッカー」**をタップし、取り出したい実験の右端にある**「読み込み」ボタン**をタップします。

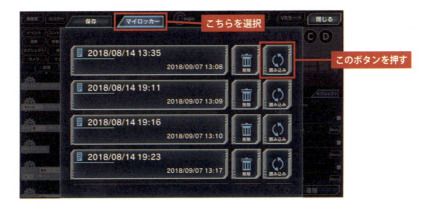

（5）取り出した実験がスマートフォンに表示されます。ロッカーに預けたプログラムは、自分で消さない限り、取り出した後も（スマートフォンにコピーした後も）ロッカーの中に残ります。

（6）画面表示を「**全画面**」に切り替え、「**スタート**」ボタンを押してから「**VRモード**」ボタンを押します。なお、VRモードにする前にボタンAを押すと、部屋の中を移動しながら見ることができます。

（7）VRモードになると、画面が左右2つに分かれて表示されます。この状態になったらスマートフォンをVRメガネに取り付け、メガネをのぞいてみてください。

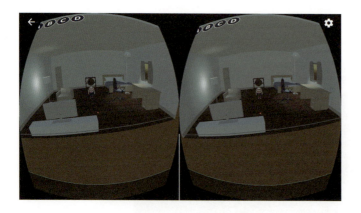

※注意：あらかじめ、カメラを付けた男の子が部屋の中を自動的に歩くプログラムが登録されています。このプログラムを変更すると、男の子が動かなくなる場合があります。

ロッカーから取り出した実験の保存について

　前にも説明したように、通常のミッションの実験は自動的に保存されます。ただし、ロッカーから取り出した実験は、自動的に保存されないことに注意してください。プログラムを変更したあとに保存しておきたい場合は、自分でロッカーに預ける必要があります。この手順は、実験をロッカーに預ける場合と同じです。詳しくはP25～26の＜実験を預ける＞を参照してください。

　なお、この際に同じ名前を付けると、前回の実験が上書きされてしまいます。「前回の実験」と「新しい実験」の両方を残しておきたい場合は、別の名前を付けて預けなければいけません。なお、ロッカーに預けられる実験の数は、全てのラボを通して10個までです。

「遊び場」について

　「実験室」の画面を一番下までスクロールすると、「遊び場」という項目が表示されます。「遊び場」は、ミッションが登録されていない、フリースペースになっています。背景を入れ替えたり、オブジェクトを追加したりして、自由に楽しんでください。

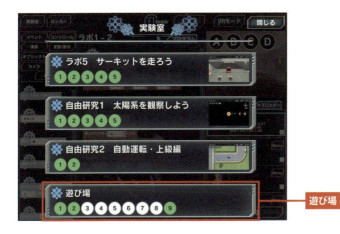

（注意）
- あらかじめ背景が配置されていますが、自分で入れ替えることが可能です。「オブジェクトエリア」にある「追加」ボタンを押し、「背景」から選択してください。
- 背景は、1つの遊び場につき、1つしか選ぶことができません。新しい背景を追加したら、不要になった背景を削除してください。削除したい背景の「Menu」ボタンを押し、続いて「削除」ボタンを押すと、背景を削除できます。
- オブジェクトは「追加」ボタンから好きなもの選んで追加できます。

ラボ1 自分の部屋をつくろう！

部屋をデコレーションしよう

　このミッションでは、いよいよプログラミングに挑戦します。「実験室」を開き、ラボ1「自分の部屋をつくろう」の③を押します。下図は、③を開いたところです。

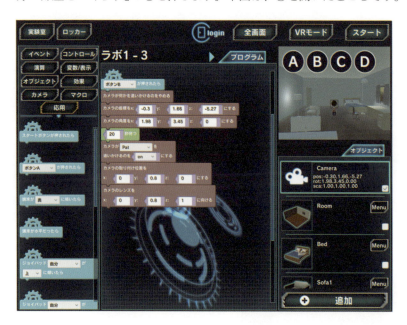

　全画面でも見てみましょう。ミッション①と同じ、家具が並んだ部屋が見えます。

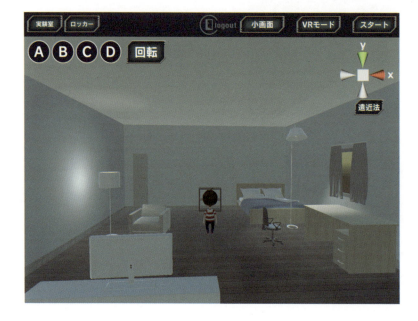

030

このミッションでは、以下のようなことができるプログラムを作ってみましょう。

・家具に色を付ける
・ランプの色を変える
・ピアノの音を鳴らす

ミッション①や②の家具がそうであったように、オブジェクトはプログラムがなければ「ただそこにあるだけ」の存在でしかありません。ここにプログラムを追加すると、家具に色を付けたり、ランプの色を変えたり、ピアノの音を出したりできるようになります。オブジェクトはプログラムがあって初めて、生きた存在となるのです。

家具に色を付ける

最初に、ベッドに**色を付けるプログラム**を作ってみましょう。以下のようなプログラムを作ります。

家具に色を付ける―サンプルプログラム

プログラムの作り方を見ていきましょう。**プログラムはオブジェクトごとに作ります**。画面表示を「小画面」に切り替え、どのオブジェクトにプログラムを作るかを決めます。「オブジェクトエリア」に表示されているオブジェクトをタップ（クリック）すると、そのオブジェクト（ここでは"Bed"）に水色の枠が表示されます。

水色の枠が表示される

次に、ベッドに色を付ける「きっかけ」を指定する命令を選びます。このような命令は「イベント」のカテゴリーに分類されています。**「カテゴリーエリア」**にある**「イベント」ボタン**を押すと、以下の図のような命令が一覧表示されます。

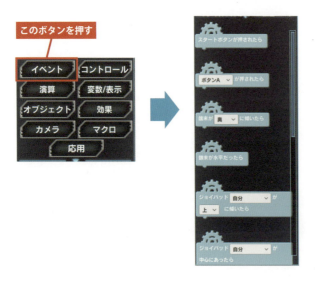

　ここでは例として、**「"ボタンA"が押されたら」**を使ってみましょう。この命令を「プログラムエリア」まで**ドラッグ＆ドロップ**します。「ボタンAが押されたら」という命令の上に指を置き、そのまま「プログラムエリア」まで動かしていき（ドラッグする）、「プログラムエリア」で指を放します（ドロップする）。ドラッグするときは、命令に指を置いた後、ひと呼吸おいてから動かし始めるとスムーズに操作できます。パソコンの場合は、マウスのボタンを押したまま命令を動かし、「プログラムエリア」でボタンを離します。

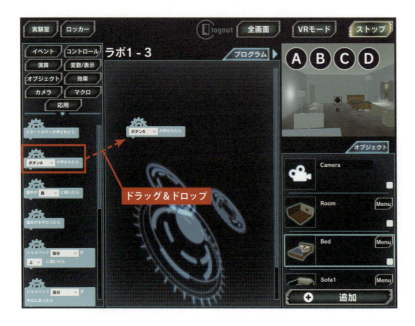

なお、「プログラムエリア」に配置した命令を削除したい場合は、これとは反対に、命令を「コマンドエリア」までドラッグ＆ドロップします。関係のない命令が残っていると、プログラムが実行されなかったり、予想しない動きが起きたりする場合があります。不要な命令は削除しておきましょう。

続いて、色を付ける命令を追加します。このような命令は「効果」のカテゴリーに分類されています。「カテゴリーエリア」の「効果」ボタンを押します。今回は「"自分"の色を□にする」という命令を使います。この命令を「"ボタンA"が押されたら」の下に配置します。

白い四角形をタップ（クリック）するとカラーパレットが表示されるので、好きな色を選択します。

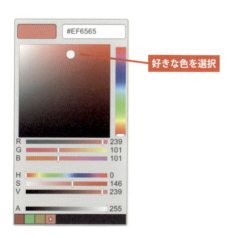

これで完成です。実行して動作を確認してみましょう。画面表示を「全画面」に切り替えて、プログラムを「スタート」します。続いて「ボタンA」を押すと、ベッドの色が変わるのを確認できます。

　他の家具も好きな色に変えて、部屋をカラフルにしてみましょう。

プログラムのコピー

　他の家具の色を変えるとき、同じようなプログラムを何度も作るのは面倒です。このような場合は、プログラムをコピーすると便利です。ベッドの色を変えるプログラムを椅子にコピーしてみましょう。「オブジェクトエリア」にある"Bed"をタップ（クリック）すると、「プログラムエリア」に色を変えるプログラムが表示されます。

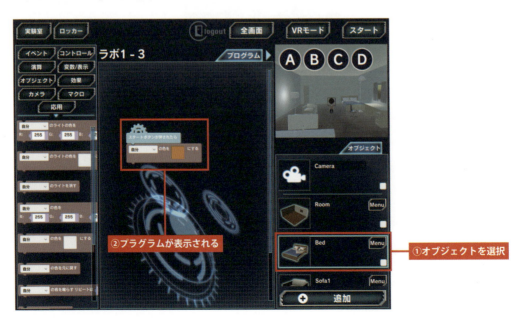

次に、「オブジェクトエリア」をスクロールして"Chair"を探します。このとき、"Chair"を**タップ（クリック）しない**ように注意してください。「プログラムエリア」には"Bed"のプログラム（コピーしたいプログラム）、「オブジェクトエリア」には"Chair"（プログラムがコピーされるオブジェクト）が表示されている状態にします。

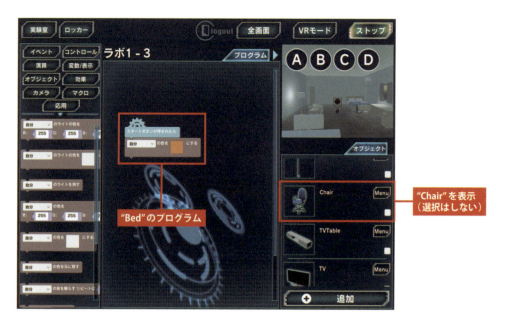

　この状態で「プログラムエリア」に表示されている"Bed"のプログラムを、「オブジェクトエリア」の"Chair"までドラッグします。"Chair"が点滅し始めるので、プログラムをドロップします。プログラムを移動するときは、**一番上のイベント命令**に指を置いて動かすと、プログラムが命令ごとにばらばらになることなく上手に移動できます。

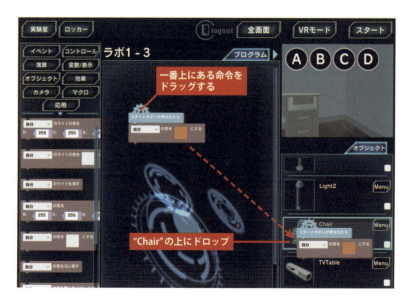

これでプログラムのコピー完了です。コピーされたプログラムは「プログラムエリア」の左上に配置されます。ここに他のプログラムがあると、その上に重なって配置されてしまうので注意してください。

 Tips

"自分"とは？

　「"自分"の色を□に変更する」という命令の"自分"は、ベッドのプログラムであればベッドのことを指し、「"Bed"の色を変更する」という意味になります。椅子のプログラムであれば、"自分"は椅子のことになります。つまり、"自分"とは、プログラムを作成するオブジェクト自身のことを示しています。

　それぞれの命令の中にある"自分"の部分を押すと、"Bed"や"Sofa1"など、部屋の中にあるオブジェクトが一覧表示されます。ここで、"自分"ではなく"Bed"や"Chair"などを選択しても同様の結果を得られます。「"Bed"の色を□に変更する」とした方がわかりやすそうなのに、なぜ"自分"を使うのでしょうか？　理由の一つとしては、その方がプログラムをコピーしやすいからです。

　たとえば、ベッドのプログラムを「"Bed"の色を□に変更する」とし、これを椅子でも使いたい場合、プログラムをそのまま椅子にコピーするとどうなるでしょうか？　プログラム内の"Bed"を"Chair"に変更しない限り、椅子の色を変えることはできません。

　一方、「"自分"の色を□に変更する」というプログラムであれば、コピーしただけで、"自分"の指し示すものがベッドから椅子に切り替わってくれます。そのつど変更する必要はありません。

　プログラムをたくさん作るときは、手作業で変更しなければならない部分をなるべく減らすことも大切です。"自分"という考え方は大事な考え方なので、この機会にぜひ理解しておいてください。

ランプの色を変える

　今度は、ランプをタップ（クリック）すると色が変わるプログラムを作ってみましょう。家具に色を付けるプログラムでは、"ボタンA"や"ボタンB"などのボタンを押すと色が変わるようにしていました。今回は、**オブジェクトそのもの**をタップ（クリック）したときに色が変わるようにしてみます。この場合は、「イベント」のカテゴリーにある**「"自分"がタップされたら」**という命令を使います。

　続いて、**「効果」**のカテゴリーにある**「"自分"のライトの色を□にする」**という命令を使います。以下に、そのサンプルプログラムを紹介します。プログラムを作成できたら、動作を確認してみましょう。

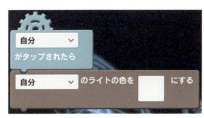

ランプの色を変える―サンプルプログラム

ピアノの音を鳴らす

　最後に、今までに学んだことを基に、部屋の中にピアノを置き、ピアノをタップ（クリック）したら**音が鳴るプログラム**を作ってみましょう。まず、「オブジェクトエリア」の**「追加」ボタン**を押して、「モデル」画面でピアノを追加します。続いて、ピアノのサウンドを追加します。
　「オブジェクトエリア」にある**「追加」ボタン**をクリックして**「サウンド」**を選択すると、Mind Renderに用意されている音が一覧表示されます。それぞれの音にある**「Play」**を押すと、その音を試聴できます。好きな音が見つかったら、その音をタップ（クリック）して**「オブジェクトエリア」に追加**します。

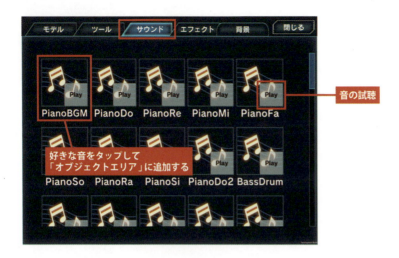

　音を鳴らす命令は「**効果**」のカテゴリーにあります。以下にサンプルプログラムを紹介しておくので参考にしてください。

ピアノの音を鳴らす―サンプルプログラム

「プログラムエリア」の拡張

　「プログラムエリア」が命令でいっぱいになって窮屈に感じる場合は、「プログラム」と書かれたラベルの横にある**三角形のボタン**を押してみてください。エリアが横に広がります。

 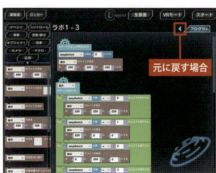

プログラムの縮小

　プログラムそのものを小さく表示することも可能です。プログラムエリアに二本の指を置き、指をつまむようにすると、プログラムが小さくなります(※1)。このとき、命令ブロックの上に指を置いたままにしていると、ブロックが切り離されてしまう場合があります。指を置いたら、すぐにつまむようにしてください。

（※1）パソコンで操作している場合は縮小できません。

応用編

　これまでに学んできたことを発展させて、いろいろなプログラムを作ってみましょう。以下に、サンプルプログラムをいくつか紹介しておきます。他にもさまざまな動作を実現することが可能です。自由にプログラムを作ってみましょう。

■サンプルプログラム（1）

　ランプを1回タップ（クリック）したら、「水色」→「オレンジ」→「緑」→「ピンク」と色が変化し、3秒ずつ順番に点灯するようにしました。

応用編ーサンプルプログラム（1）

■サンプルプログラム（2）

さらに長く点滅を繰り返すようにしました。「"10"回、以下を繰り返す」という繰り返し命令を使って、サンプルプログラム（1）を10回繰り返します。

応用編－サンプルプログラム（2）

繰り返し命令を使わないと、繰り返したい数だけ同じ命令を何度も作成しなければなりません。そのぶんだけプログラムも長くなってしまいます。繰り返し命令の中に「他の命令」を入れると、その命令を指定した回数だけ繰り返すことができます。

最後にランプを消したい場合は、「"自分"のライトを消す」という命令を追加します。消すのは最後の1回だけでよいので、繰り返しの範囲外に配置します。サンプルプログラム（1）の場合、最後の「ピンクの明かり」は3秒たっても消えません。ランプの色は「今の色」を「次の色」で上書きすることで変化させているので、「次の色」がなければ「今の色」がずっと続きます。

ラボ1-③　部屋をデコレーションしよう

繰り返し命令

繰り返し命令は3種類あります。後のミッションでも何回か登場するので、詳しい使い方はそれぞれのミッションで確認してください。

- 「"10"回、以下を繰り返す」は、指定した回数だけ繰り返します。

- 「常に以下を繰り返す」は、「スタート」ボタンを押してから「ストップ」ボタンを押すまでの間、ずっと繰り返します。

- 「もし" "なら以下を繰り返す」は、空白部分に「繰り返す条件」を指定し、条件に合致する場合のみ繰り返します。

■サンプルプログラム（3）

色をカラーパレットではなく「RGB」の値で指定しました。値の指定には乱数を使いっています。

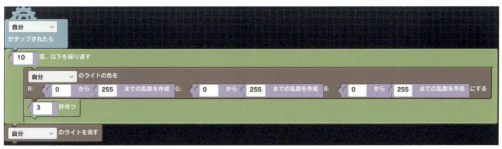

応用編－サンプルプログラム（3）

041

色を指定する方法は、カラーパレットで指定する方法のほかに、「RGB」の値（0〜255）で指定する方法があります。RGBとは、**色を「赤、緑、青」の3つの要素（光の三原色）で表現する方法**で、赤（Red）、緑（Green）、青（Blue）の頭文字をとっています。これらの色を混ぜ合わせると、さまざまな色を作ることができます。

　今回のサンプルでは、RGBの値を乱数で指定しています。乱数とは、規則性のない数字のことです。「演算」のカテゴリーにある「"1"から"100"までの乱数を作成」という命令は、指定した値の範囲内で、毎回、不規則に数字を生成します。2つの数字は変える必要があります。

　この命令を使うことで、さまざまな色に変わるランプにできます。RGBの値は0〜255までなので、その範囲内で数字が生成されるように値を設定します（例：1回目は赤120 緑8 青34、2回目は赤58 緑92 青250、………など）。もしも、あまり色が変化しないときは、乱数の範囲に偏りをつけてみてもよいでしょう（例：赤0〜120 緑80〜200 青120〜255 など）。

色をRGBで指定する

　コンピュータのディスプレイは、赤／緑／青の明るさを256段階（0〜255の数値）で指定して混ぜ合わせることで、さまざまな色を再現する仕組みになっています。数値が大きいほど色は白く、数値が小さいほど色は黒くなります。

　絵の具の場合は色を混ぜ合わせると黒くなっていきますが、コンピュータ・ディスプレイは反対に白くなっていきます。このような違いが生じるのは、絵の具のように「光で照らされる物体」と、コンピュータ・ディスプレイのように「自分で光を放つもの」で色の仕組みが異なるためです。

　P33で使用したカラーパレットにもRGBの値が表示されています。カラーパレットの色の横には、「#FFFFFF」「#EF6565」「#000000」などの6桁のアルファベットと数字を組み合わせた文字が表示されています。これはカラーコードと呼ばれ、色を16進数で表したものとなります。

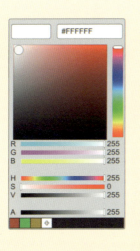 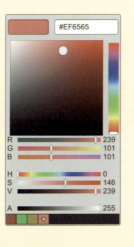 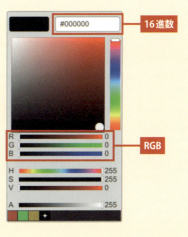

　私たちが普段使っている数は10進数です。10進数では0〜9までの数字で数値を表します。一方、16進数は、0〜9までの数字とA〜Fまでのアルファベットで数値を表します。以下に10進数での数値表記と、それに対応する16進数の数値表記を示します。

10進数	0	1	2	3	4	5	6	7	8	9	10	11	12	13	14	15	16	17	18
16進数	0	1	2	3	4	5	6	7	8	9	A	B	C	D	E	F	10	11	12
10進数	19	20	21	22	23	24	25	26	27	28	29	30	31	32	33	34	35	36	37
16進数	13	14	15	16	17	18	19	1A	1B	1C	1D	1E	1F	20	21	22	23	24	25

　RGBでは、0〜255の10進数の値で色を指定します。これを16進数に変換すると、0〜FF（00〜FF）の2桁の値になります。6桁のコードは2桁ずつに分割でき、左から順にR、G、Bの値を表しています。

「白色」の例

	表記	R	G	B
10進数（RGB）	-	255	255	255
16進数	#FFFFFF	FF	FF	FF

「薄い赤色」の例

	表記	R	G	B
10進数（RGB）	-	239	101	101
16進数	#EF6565	EF	65	65

■ サンプルプログラム（4）

　ランプを1回タップ（クリック）するごとに、「赤」→「ピンク」→「緑」→「青」→「黄色」と色が変化するようにしました。新しい考え方として**変数**を使っています。

応用編ーサンプルプログラム（4）

　変数とは、数学のxやyのようなもので、いろいろな用途に使われます。ここでは、ランプがタップ（クリック）された回数を1、2、3、4、……と数えるために使っています。変数には自由に名前を付けることができます。ここでは、ランプの色を変えるスイッチという意味で"lampSwitch"という名前を付けました。

　変数については、ラボ2「ドローンを動かしてみよう！」で詳しく説明するので、そちらも参考にしてください。

この変数を使って、"lampSwitch"の値が0のときは「赤」、1のときは「ピンク」、2のときは「緑」、3のときは「青」、4のときは「黄色」になるプログラムを作ります。色や順番は変えても構いません。

　「スタート」ボタンが押されたら、"lampSwitch"の値を0にします。0からカウントをスタートします。

> スタート直後の"lampSwitch"の値は"0"です。
> ランプがタップされます。 → "0"のときは「赤」にします。
> タップをカウントし、"lampSwitch"の値を"1"にします。

> "lampSwitch"の値は"1"です。
> ランプがタップされます。 → "1"のときは「ピンク」にします。
> タップをカウントし"lampSwitch"の値を"2"にします。

> "lampSwitch"の値は"2"です。
> ランプがタップされます。 → "2"のときは「緑」にします。
> タップをカウントし"lampSwitch"の値を"3"にします。

> "lampSwitch"の値は"3"です。
> ランプがタップされます。 → "3"のときは「青」にします。
> タップをカウントし"lampSwitch"の値を"4"にします。

> "lampSwitch"の値は"4"です。
> ランプがタップされます。 → "4"のときは「黄色」にします。
> 数えるのは4までとし、カウントをリセットして0に戻します。

■サンプルプログラム（5）

　音を使っても、さまざまなことができます。サンプルプログラムを紹介します。ランプを点灯した3秒後にピアノの演奏が始まるようにしました。

応用編ーサンプルプログラム（5）

■サンプルプログラム（6）

　「サウンド」にあるド、レ、ミ……の音を組み合わせて曲になるようにしました。音を止めるなどの工夫が必要です。いろいろと試してみましょう。

応用編ーサンプルプログラム（6）

> **Tips**

命令の種類

これまでに使用した命令についてまとめておきましょう。プログラムは、命令を縦方向につなぎあわせたり、命令に「別の命令」を組み込んだりして作ります。よく見ると、使われ方に応じて形が少しずつ異なっています。

・**プログラムの開始**

プログラムは必ずイベント命令から始めます。「スタート」ボタンを押すと、プログラムは実行モードになります。そして、イベント命令で指定した事柄が起きると（例：ボタンAが押される）、プログラムに書かれていることが実行されます。イベント命令は、たとえば、音楽を聴いているときに、「Aのボタンを押すと曲の頭出しをする」、「Bのボタンを押すと次の曲に飛ぶ」といった動作とよく似ています。

イベント命令は、命令の途中に使うことはできません。このため、イベント命令の上には歯車状の飾りがついており、他の命令の下に付けたり、他の命令の中に組み込んだりできない仕様になっています。

このよう形の命令はもう一種類あります。マクロ命令です。マクロ命令については後のミッションで詳しく説明します。

・**上下の組み合わせ**

多くの命令は、上側にくぼみ、下側に突起があります。くぼみと突起をつないで、縦にプログラムを作っていきます。

・**繰り返し命令**

内部に「他の命令」を組み込むことができるエリアがあります。組み込んだ命令を繰り返し実行します。

・場合分け命令
　内部に「他の命令」を組み込むことができるエリアがあります。指定した条件を満たした場合にのみ、組み込んだ命令を実行します。

・代入命令
　上下にくぼみや突起はなく、左側にだけ突起があります。他の命令の白いエリアに組み込んで使います。代表的な使い方としては、計算や変数の値を表示するとき、などがあります。主に「演算」や「変数／表示」のカテゴリーに分類されています。

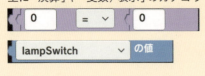

部屋を歩こう

　ミッション④では、少年や猫になって部屋の中を歩いてみましょう。「実験室」を開き、ラボ1「自分の部屋をつくろう」の④を押します。下図は、④を開いたところです。

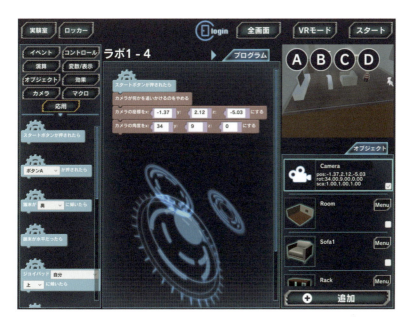

　全画面でも見てみましょう。部屋の中に男の子と猫がいます。

ジョイパッドコントローラーで男の子を歩かせよう

　画面下部にある**ジョイパッドコントローラー**を使うと、男の子を歩かせることができます。2つのコントローラーを操作して上手に歩かせてみましょう。家具にぶつからないように、部屋の中を一周させられるでしょうか？　コントローラーの使い方は、下図を参照してください。

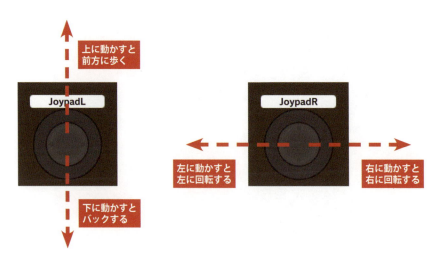

（操作上の注意）
- ジョイパッドコントローラーを操作するときは、「スタート」ボタンを押してプログラム実行中にします。
- 「ストップ」ボタンを押してプログラム停止しているときは、ジョイパッドコントローラーの表示位置を移動できます。

ジョイパッドコントローラーのプログラム

　ジョイパッドコントローラーを操作すると男の子が歩くようにするには、コントローラーに、**①進む／バックする、②方向を変える、③止まる**、というプログラムを作らなければなりません。

　次ページの図は"JoypadL"のプログラムです。"L"はLeftの頭文字で、左側のジョイパッドを意味しています。右側のジョイパッドは"JoypadR"と名付けています。"R"はRightの頭文字です。このように、オブジェクトや変数の名前はわかりやすい名前を付けるのが基本です。もし、これが単に"Left"と"Right"だけだったら、何を指しているのかわからなくなってしまいます。

"JoypadL"には、上に動かすと男の子（Pat、パット）が前進し、下に動かすとバックするプログラムが作成してあります。

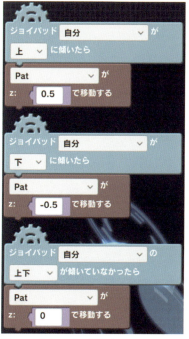

"JoypadL"のプログラム

このプログラムでは、**「動く方向」**と**「動く単位（力）」**の2つを決めます。

「動く方向」は"z"と"0.5"の項目で決まります。**"z"は男の子の前後方向を表しています。**前方に進むか、それとも後方に戻るかは"0.5"の**符号**で指定します。**前方なら正の値、後方なら負の値**にします。ジョイパッドを上に動かしたときに前方に進めたいので、正の値を入力します。

「動く単位（力）」は"0.5"の**値の大きさ**で決まります。値を変えると、移動するスピードが変わります。0.1〜1.0くらいの間で、いろいろな値を試してみましょう。

コントローラーを下に動かしたときに、"0.5"の力でバックさせるプログラムは以下のようになります。

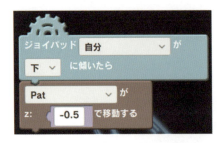

ジョイパッドコントローラーをニュートラルポジションに戻したら、移動する力を"0"にして歩くのを止めます。

"JoypadR"には、左に動かすと男の子が左に回転し、右に動かすと男の子が右に回転するプログラムが作成してあります。

"JoypadR"のプログラム

移動の命令と同様に、このプログラムでは「回転する方向」と「回転する単位（力）」の2つを決めます。

　「回転する方向」は"y"と"-0.8"の項目で決まります。男の子の「頭」から「足」にかけてy軸が通っていると仮定し、この軸を中心に回転させます。右に回転するのか、左に回転するのかは、"0.8"の値が正の値か負の値かで決まります。右への回転なら正の値、左への回転なら負の値にします。ジョイパッドを左に動かしたら、左に回転させたいので負の値を入力します。

　「回転する単位（力）」は"0.8"の値の大きさで決まります。

　値を変えると、回転するスピードが変わります。0.1〜1.0くらいの間で、いろいろな値を試してみましょう。コントローラーを右に動かしたときに、"0.8"の力で右へ回転させるプログラムは以下のようになります。

　ジョイパッドコントローラーをニュートラルポジションに戻したら、回転する力を"0"にして回転するのを止めます。

3次元ワールドの座標

　先ほどの説明で"z"や"y"という言葉が出てきました。これについて説明していきます。Mind Renderの世界は、現実世界と同様に、横／縦（高さ）／前後の3つの次元から構成される3次元ワールドとなります。そこにある物体の位置や方向、動きは、3つの軸を使って表されます。

- **横軸（x軸）**　……………… 左右
- **縦軸（y軸）**　……………… 上下　　※y軸は上下（高さ）を表すことに注意
- **前後軸（z軸）**　…………… 前後

　また、各軸には、＋（プラス）と－（マイナス）の方向があります。

- **横軸（x軸）**　……………… 右が＋、左が－
- **縦軸（y軸）**　……………… 上が＋、下が－
- **前後軸（z軸）**　…………… 奥が＋、手前が－　　※奥が＋となることに注意

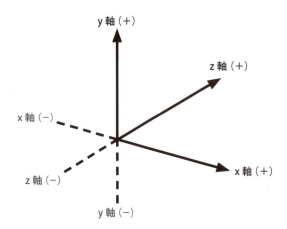

　座標は、**絶対座標**と**相対座標**の2通りの表し方があります。部屋のように「動かずに固定されているもの」を基準にして、「部屋のここに家具がある」と考えたほうが便利なときは絶対座標を使用します。「部屋の中を歩く男の子から見て」と考えたほうが便利なときは相対座標を使用します。

　絶対座標のx軸／y軸／z軸は固定されていて変わりません。一方、**相対座標では男の子（オブジェクト）の正面がz軸（＋）**となります。男の子から見れば、常に自分の正面がz軸になるので方向は変わりませんが、それを見ている私たちから見ると、男の子が方向を変えるたびに、z軸の方向が変わるように見えます。z軸に応じてx軸やy軸の方向も変わります。

"JoypadL"のプログラムで、男の子の移動をz軸だけで指定できるのは、命令が相対座標を使っているためです。

猫のプログラム

猫はジョイパッドコントローラーで操作しなくても、自動的に歩き回ってくれます。部屋の中には家具がありますが、家具にぶつかっても止まることなく、方向を修正して歩き続けます。これは、猫に**自動歩行する（自動で方向修正する）プログラム**を作成してあるからです。自動歩行のプログラムと聞くと難しそうに思うかもしれませんが、使っている命令はジョイパッドコントローラーのプログラムで使っているものと同じです。どのようなプログラムにしたらよいか、考えてみましょう。

猫のプログラムは2つのパートで構成されています。一つ目は、スタートボタンが押されたら、それまでの猫の移動を一旦リセットして、**初期状態から再スタートさせるプログラム**です。

猫のプログラム－1

それぞれの命令を詳しく見ていきましょう。まず始めに、猫が床に平行に立ち、正面奥を向くようにします。

続いて、スタート地点を指定します。

最後に、"z"の方向（前方）へ"0.3"の力で歩きます。

もう一つのパートは、歩いていて何かにぶつかったときに、バックと方向転換を繰り返して方向修正し、**家具に当たらない方向を見つけて歩き続けるようにするプログラム**です。

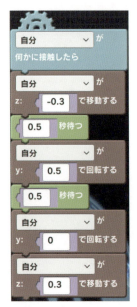

猫のプログラム–2

それぞれの命令を詳しく見ていきましょう。猫が歩いていくと、部屋の中にある家具や壁にぶつかります。「何にぶつかるか？」はわからないので「何かにぶつかったら」とします。

猫が「何かにぶつかった」ことがわかるのは、当たり判定を利用しているからです。オブジェクトに当たり判定を設定すると、「オブジェクト同士が当たったかどうか」がわかるようになります。猫には、この当たり判定があらかじめ設定してあるため、家具とぶつかったときにプログラムが実行されるようになっています。

猫が何かにぶつかったら、一旦バックさせます（0.3の力で0.5秒間バック）。

次に、物がない方向を見つけるために右へ回転させます（0.5の力で0.5秒間回転）。

その後、回転する力を"0"にして回転を止め、"0.3"の力で前進を続けます。

もしも前に進めなかった場合は、このプログラムが再び実行され、前に進めるようになるまでバックと回転を繰り返します。

この自動歩行プログラムは一つの例です。猫が家具や壁にぶつかった後にどうしたらよいか自分で考えて、色々と工夫してみましょう。

視点変更のプログラム（カメラ）

「**視点変更**」ボタンは、部屋を見る視点（カメラの視点）を変えることができます。ボタンを押してみましょう。

ボタンを押すごとに、「男の子の視点」→「猫の視点」→「天井から部屋全体を見る視点」と切り替わっていきます。男の子の視点に切り替えて、ジョイパッドコントローラーで男の子を歩かせてみましょう。

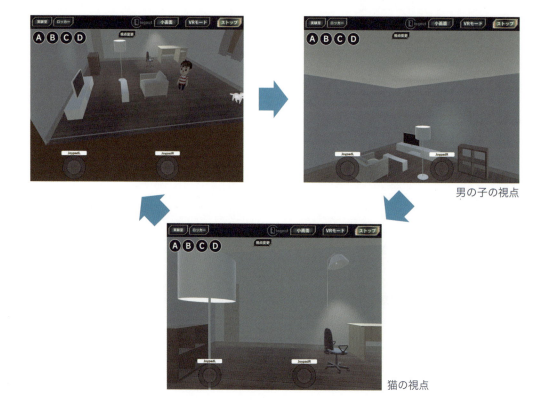

男の子の視点

猫の視点

この仕組みは、「部屋」「男の子」「猫」に取り付けたカメラを切り替えることで実現しています。私たちが部屋を見ることができるのは、部屋がある3次元ワールドにカメラを取り付けているからです。カメラを通じて、私たちはプログラムの動作を見ることができます。カメラの取り付け方を変えると、プログラムの見え方（部屋の見え方）を変えることができます。

　カメラの視点を変えるプログラムを紹介します。"viewWho" という変数を作り、"viewWho" の値が0のときは男の子カメラ、1のときは猫カメラ、2のときは部屋カメラとします。

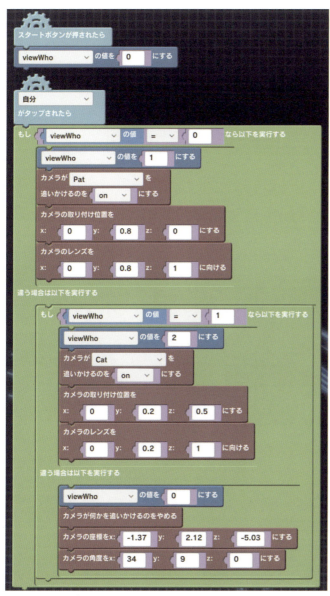

視点変更プログラム

カメラは**固定カメラ**と**移動カメラ**の2種類があります。固定カメラは、部屋全体を見るカメラです。指定した位置に固定され、いつでも同じ場所から、同じ角度で撮影しています。防犯カメラに似ているといえます。一方、男の子や猫の視点には、移動カメラを使っています。人や車など、移動するオブジェクトに取り付けます。ヘルメットに取り付けるカメラのようなものです。

◆固定カメラ

　固定カメラは以下の3つの命令で設定します。取り付け位置の座標は、絶対座標で指定します。x軸／y軸／z軸でカメラを回転させると、斜め上から見下ろしたり、下から見上げたりすることができます。

◆移動カメラ

　移動カメラは以下の3つの命令で設定します。設置位置の座標は、取り付ける対象を基準にします。原点は、男の子の場合、体の左右（x）の中心、前後（z）の中心で、足の裏の辺り（y）となります。

　男の子の目の位置に取り付けたい場合は、x（左右）／y（前後）／z（高さ）の値をそれぞれ（0，0.8，0）くらいに指定するとよいでしょう。後頭部の辺りから見下ろすようにするには、（0.3，1.0，−0.5）くらいを指定します。見え方はレンズの方向によっても変わります。カメラの位置とレンズの方向を変えて、いろいろと試してみましょう。何も指定しない場合は、カメラはオブジェクトの中心方向を向きます。

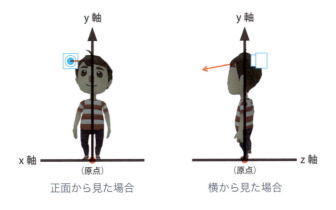

| 正面から見た場合 | 横から見た場合 |

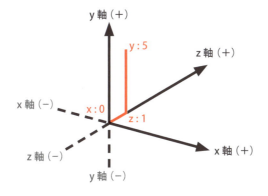

（注意）

- 固定カメラも、移動カメラも、それぞれ複数個を設定できますが、同時に使えるのは1個だけです。
- カメラを複数設置しても、オブジェクトとしては1個のカメラであり、「オブジェクトリスト」にもカメラは1個しか表示されません。1個のカメラを、固定カメラとしても、移動カメラとしても使えます。

　変数を作ってこれらのカメラを切り替えます。変数は、ミッション③でランプをタップするごとに色を変えるプログラムでも使いました。ここでは、変数名は"viewWho"とします。

　「スタート」ボタンが押されたら、"viewWho"の値を0にします。

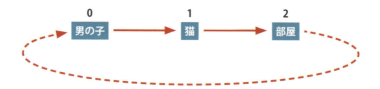

「視点変更」ボタンがタップされたとき、"viewWho"の値が"0"だったら、男の子カメラに切り替えます。また、タップに対して"viewWho"の値を"1"にします。

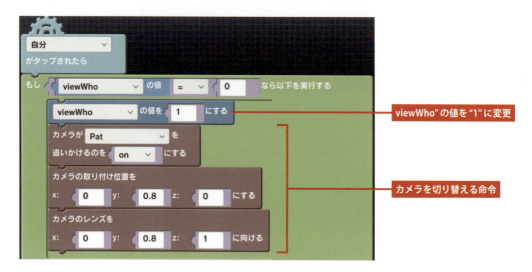

「視点変更」ボタンがタップされたとき、"viewWho"の値が"1"だったら、猫カメラに切り替えます。また、タップに対して"viewWho"の値を"2"にします。

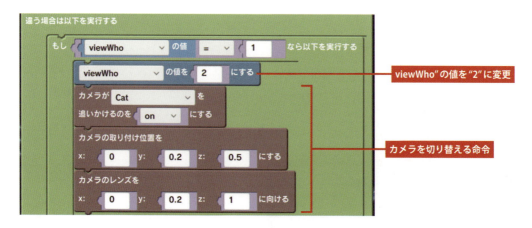

「視点変更」ボタンがタップされたとき、"viewWho"の値が"2"だったら部屋カメラに切り替えます。また、タップに対して"viewWho"の値をリセットして"0"にします。これにより、次に「視点変更」ボタンがタップされたときは、男の子カメラに戻ります。

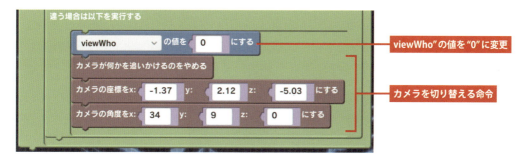

このプログラムでは、3種類のカメラを切り替える動作に

・もし"viewWho"の値が"0"なら以下を実行する、違う場合は以下を実行する
・もし"viewWho"の値が"1"なら以下を実行する、違う場合は以下を実行する

という2つの**「場合分け命令」**を使っています。「場合分け命令」を2つ組み合わせることで、全部で3通りの場合分けをしています。

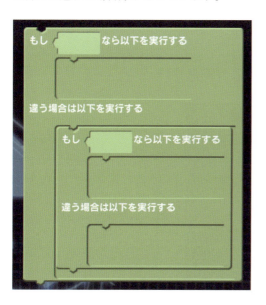

/// ミッション⑤ ///

お掃除ロボットで部屋を掃除しよう（1）

　ミッション⑤とミッション⑥では、お掃除ロボットのプログラムに挑戦します。「実験室」を開き、ラボ1「自分の部屋をつくろう」の⑤を押してミッションを開きます。下図は、⑤を開いたところです。

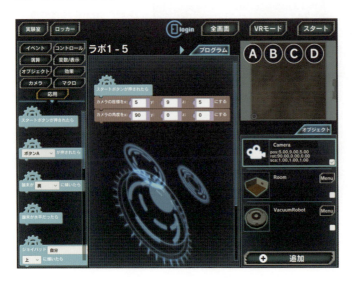

　全画面でも見てみましょう。部屋の左下隅にあるのはお掃除ロボットです。このミッションでは、まず、**ロボットを動かす簡単なプログラム**を作ってみます。コツがつかめたら、**自動で部屋全体を掃除するお掃除ロボットプログラム**を作ってみます。

最初は簡単なものから、徐々に複雑なものに挑戦していきます。

＜ステップ1＞ 直進するプログラムを作ろう
ロボットが画面下から上に1列だけ直進するプログラムを作ります。

＜ステップ2＞ 直進を繰り返して部屋全体を掃除する
直進を繰り返して部屋全体を掃除するプログラムを作ります。

＜ステップ3＞ 床の色を変える
本当に掃除できたかどうかを見えるようにします。ロボットが通過したら、床の色が変わるプログラムを作ります。

プログラムは、「オブジェクトエリア」で"VacuumRobot"を選択してから作ります。すでに以下のようなプログラムが登録されています。これはロボットの動きを初期化するために必要となるプログラムです。

（プログラミング時の注意点）
- ロボットが動き続けて部屋の外に飛び出してしまう場合があります。
- 動きと動きの間に「待ち時間」を入れた方がよい場合があります。コンピュータはある命令を実行すると、直ちに次の命令を実行します。すぐに次の命令に行かないようにするには、命令と命令の間に「待ち時間」を入れる必要があります。「コントロール」のカテゴリーにある「"0.1"秒待つ」命令で、適当な待ち時間を指定します。

<ステップ1> 直進する

最初に練習として、ロボットが画面の下から上に一区画ずつ、一列だけ直進するプログラムを作ってみます。

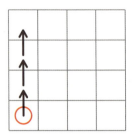

（プログラミングの前提）
- 床は縦10×横10の合計100区画に区切られており、各区画の一辺の長さは座標の値 "1" に相当します。
- ロボットの位置は、区画の中央の座標で指定します。

たとえば、"VacuumRobot" の初期化プログラムで「"自分"を座標x:0.5　y:0　z:0.5にする」としています。これは、ロボットが下図の「赤色の区画」の中央にいることを表しています。
ここでは、「赤色の区画」をスタート地点、「黄色の区画」を目的地点とし、その間をロボットが一区画ずつ動いていくプログラムを作ってみます。

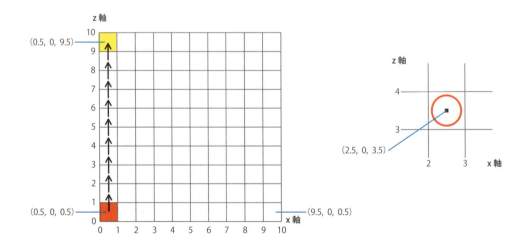

オブジェクトを動かす基本的な命令は、「オブジェクト」のカテゴリーに分類されています。そのほか「応用」→「オブジェクト」のカテゴリーにも、オブジェクトを動かす命令が用意されています。使えそうな命令を探してみてください。

以下に、サンプルプログラムを紹介します。

直進する−サンプルプログラム

 Tips

"値"に命令を配置する

座標の値を指定する部分に「"自分"のx座標」などの命令を配置することも可能です。上記のプログラムでは、まず「"自分"を　座標x:"0"　y:"0"　z:"0"にする」の命令をセットし、この中に「"自分"のx座標」や「"自分"のy座標」といった命令をセットします。

z座標を指定する部分は、ロボットをz軸方向に進める命令です。1つ目の"1"は座標の1、2つ目の"1"は進める距離の1です。何回も繰り返すように、1つ目の自分の座標に1を足して前進させます(自分に1を繰り返し足していく命令)。

それぞれの命令について詳しく見ていきましょう。まずは、ロボットを動かす命令です。ロボットは上、すなわち、ロボットから見て前方（z軸方向）に向かって直進するので、x座標とy座標は変えずに、z座標のみ変化させます。「"自分"のZ座標 "＋" "1" にする」という命令で、ロボットのz座標を今の座標から1つずつ増やしていきます。その結果、z座標は「0.5」→「1.5」→「2.5」→ …… →「8.5」→「9.5」と変化していきます。

次に、待ち時間を指定します。ロボットが「ある区画」から「次の区画」へ移動するまでに少し時間がかかります。待ち時間を挿入して、すぐに次の命令（ロボットを次の区画へ移動する命令）が実行されないようにします。「どれくらいの時間が適当か？」は自分で調整してみてください。

上の2つの命令を9回繰り返します。繰り返す数が10ではなく、9であることに注意してください。区画の数は10個ですが、次の区画へ移動する回数は9回です。

＜ステップ2＞ 直進を繰り返して部屋全体を掃除する

続いて、ロボットを部屋の右端まで動かして、部屋全体をカバーしたら掃除終了としてみましょう。ロボットが一番上の区画まで進んだら、隣の列の一番下に戻し、同様の動作を繰り返す、という考え方でやってみます。戻す位置は座標で指定します。

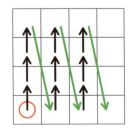

以下に、サンプルプログラムを紹介します。

直進を繰り返し、部屋全体を移動する–サンプルプログラム（1）

それぞれの命令について詳しく見ていきましょう。「"9"回、以下を繰り返す」の部分は、＜ステップ1＞の直進するプログラムと同じです。その次に「"自分"を座標x："1.5" y："0" z："0.5"に 時間"1"秒で移動する」という命令が新たに加わっています。この命令によりロボットを右隣の列の一番下に移動させます。移動させる位置は座標で指定します。次の動作に備え、1.5秒待ちます（移動に1秒、待ち時間に0.5秒）。

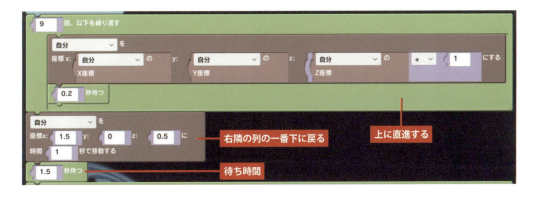

これを繰り返して右端の列まで行きます。最後の列は終わり方に気を付ける必要があります。ロボットが上まで行ったところで停止するようにします。

　これで部屋全体を掃除できるようになりました。ただし、戻る位置を一つずつ座標で指定していくのはとても面倒です。同じような命令がいくつも並ぶので間違えやすく、間違いを探すのも大変になります。そこで、隣の列の一番下に戻る部分に**「繰り返し命令」**を使ってみましょう。以下に、そのサンプルプログラムを紹介します。

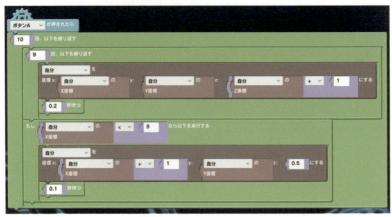

直進を繰り返し、部屋全体を移動する–サンプルプログラム（2）

　サンプルプログラム（1）から変更したのは以下の部分です。

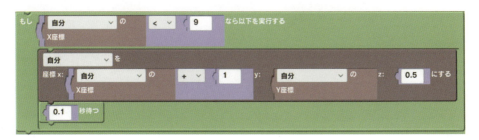

まずは、2つ目の命令を見てみましょう。ロボットを1つ右の区画に動かすときは、x座標に1を加えます。一番下の区画なのでz座標は常に"0.5"とします。

続いて、一つ上の命令を見てみましょう。**「繰り返しの条件」を決める命令**です。サンプルプログラム（1）と同様に、右端の列に行ったらロボットを一番上の区画で止めたいので工夫が必要です。右端の列にロボットがいるときのx座標は"9.5"です。そこで、**"9より小さい"という条件**を指定すれば、ロボットは隣の列に移動しなくなります。x座標が9より小さい場合のみ（0.5、1.5、……、8.5のときのみ）隣の列へ移動します。

実際にプログラムを動かしてみましょう。サンプルプログラム（1）と同じ動作になるのを確認できると思います（実は、上記の例では、移動に瞬間移動の命令を使っています。そのため、待ち時間は非常に短くてすみます。移動命令の違いはP86のTIPSも参考にしてください）。

<ステップ3> 床の色を変える

「本当に掃除できたかどうか？」がわかるように、ロボットが通過したら床の色が変わるプログラムを作ってみましょう。

床の色を変えるために、グラフを描く命令を使います。グラフ命令は3次元グラフを描くための命令ですが、ここではロボットが通過した位置に高さ（命令では「大きさ」）"0.1"の棒グラフを描き、床の上にタイルを敷きつめていきます。

グラフ命令は、「**効果**」のカテゴリーに分類されています。なお、グラフ命令の詳しい使い方については、ラボ3「3Dで日本を知ろう！」で説明します。

- "Cube" グラフ ………… グラフの形状を指定します。ここでは棒グラフを使用します。3次元グラフなので、棒グラフの形は角柱になります。
- X、Y、Z座標 ………… グラフを描画する位置を指定します。
- 大きさ ………………… グラフの高さを指定します。高さ"0.1"の棒グラフとします。
- スピード ……………… グラフを描くスピードです。今回は"0.5"を指定します。
- 色 ……………………… グラフの色を指定します。好きな色を指定してください。

まずは、「初期化のプログラム」に**グラフをクリアする命令**を追加します。今回の例に限らず、色を付けたり、何かを描いたりするプログラムを実行すると、色や描いたものがそのまま残る仕組みになっています。プログラムを再び実行したときに、これらが残っていると都合が悪いので、クリアする命令を追加しておきます。グラフの場合は「**グラフを全て削除する**」の命令を使います。

ラボ 1-⑤　お掃除ロボットで部屋を掃除しよう（1）

スタートボタンが押されたら

自分　　　　　の
物理エンジンを　off　　　にする

自分　　　　　を
座標 x:　0.5　　y:　0　　z:　0.5　　にする

自分　　　　　の
角度をx:　0　　y:　0　　z:　0　　にする

自分　　　　　の
大きさをx:　2　　y:　1　　z:　2　　にする

自分　　　　　の
物理エンジンを　on　　　にする

グラフを全て削除する　　　　　　　　　この命令を追加

それでは、サンプルプログラムを紹介していきましょう。サンプルプログラム（2）に「グラフを描画する命令」を追加しています。

ボタンA　　　　が押されたら

10　回、以下を繰り返す

9　回、以下を繰り返す

自分　　　　　を
座標 x:　自分　　　　　の　y:　自分　　　　　の　z:　自分　　　　　の　+　　1　にする
　　　 X座標　　　　　　　　　　Y座標　　　　　　　　　　Z座標

0.2　秒待つ

Cube　　　　グラフを描画する
X:　自分　　　　　の　Y:　自分　　　　　の　Z:　自分　　　　　の
　　X座標　　　　　　　　Y座標　　　　　　　　Z座標
大きさ:　0.1　　スピード:　1　　色:

もし　自分　　　　　の　<　　9　なら以下を実行する
　　　 X座標

自分　　　　　を
座標 x:　自分　　　　　の　+　　1　y:　自分　　　　　の　z:　0.5　にする
　　　 X座標　　　　　　　　　　　　　　Y座標

0.1　秒待つ

床の色を変える−サンプルプログラム（3）

床の色を変える命令
（グラフを描画する命令）

実際に、このプログラムを動かしてみましょう。

073

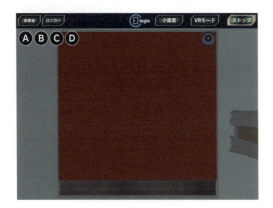

　一番下の区画の色が変わっていません。なぜでしょうか？　このプログラムでは、ロボットが通過したかどうかの判定を「"自分"のＺ座標　"＋"　"１"　にする」という部分で行っています。

　ロボットの「現在のＺ座標」に＋１したら通過したと判定し、その後で初めてグラフを描画します（色を塗ります）。ロボットが移動していても「Ｚ座標＋１」の移動でなければ、通過したと判定されません。たとえば、下図のように（0.5, 0, 9.5）→（1.5, 0, 0.5）と移動するときは、通過したとみなされません。

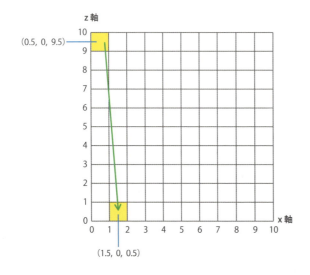

　左下のスタート地点についても同様です。ロボットは「ｚ座標＋１」でスタート地点に移動してきたのではなく、初期化によってスタート地点に配置されます。よって、グラフは描画されません（色は塗られません）。

では、一番下の区画にも色を塗るにはどうしたらよいでしょうか？ まず、「Z座標＋1」の移動後だけでなく、「X座標＋1」の移動後にも色を塗ることです。ただし、この方法ではスタート地点に色が塗られません。そこで、ロボットがスタート地点にいるときにも色を塗る命令を追加します。以下のようにプログラムを変更します。

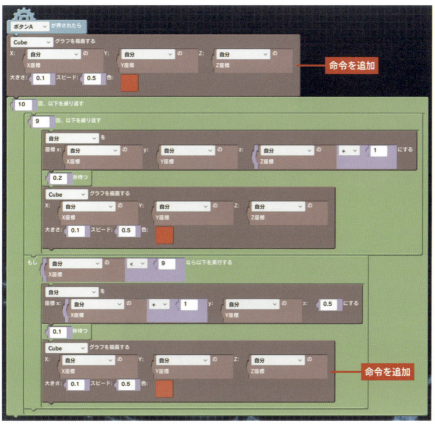

床の色を変える−サンプルプログラム（4）

変更したプログラムを動かしてみると、今度は床全体が色で塗られるのを確認できます。

ミッション⑥

お掃除ロボットで部屋を掃除しよう（2）

　ラボ1最後のミッションです。引き続き、お掃除ロボットのプログラムに挑戦しますが、ここではより高度な自動掃除プログラムを考えてみます。「実験室」を開き、ラボ1「自分の部屋をつくろう」の⑥を押します。下図は、⑥を開いたところです。

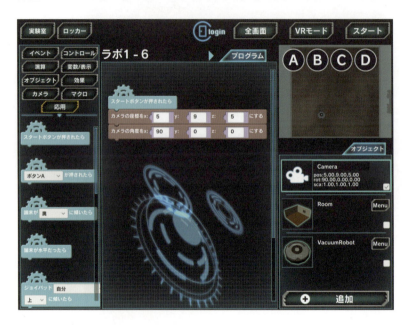

　このミッションでは、以下の2つのプログラミングに挑戦します。

　　<ステップ4> 自動掃除ロボットを作成する
　　部屋の中を自動で動いて掃除するロボットを作成します。ミッション④で学んだ「猫の自動歩行プログラム」が使えそうです。

　　<ステップ5> 障害物を置いてみる
　　より高度な自動掃除プログラムを自分で考えてみましょう。このステップは、詳しい説明はありません。部屋の中に障害物を置き、障害物の部分を除いた部屋全体を掃除するプログラムを自分で考えてみましょう。

　オブジェクト"VacuumRobot"には、次のようなプログラムが登録されています。これはロボットの動きを初期化するために必要となるプログラムです。

<ステップ4> 自動掃除ロボットを作成する

　ミッション⑤では、縦、横にきちんと動いて掃除するプログラムを作成しましたが、動作がシンプルすぎて少し面白みに欠けたかもしれません。そこで、ロボットが部屋の中をAI的に動いて掃除するプログラムを考えてみましょう。ミッション④で紹介した「猫の自動歩行プログラム」を思い出してください。猫は物に当たると自動的に方向を変えるので不規則に動いていました。このプログラムを掃除ロボットに応用してみましょう。どんな動きにしたら効率的に掃除ができるか、いろいろ試してみましょう。

　なお、このミッションでは、オブジェクト"Room"に床の色を変えるプログラムが登録されています。このプログラムについては、後ほど詳しく説明します。

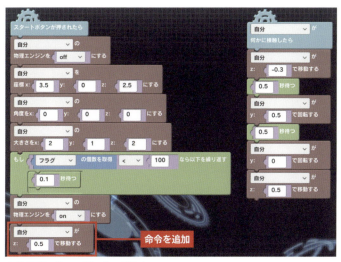

自動歩行‒サンプルプログラム

◆ 左側のプログラム

"VacuumRobot"を初期化するプログラムに、「スタート」ボタンを押したらロボットが移動を始める命令を追加します。

◆ 右側のプログラム

ミッション④で学んだ「猫の自動歩行プログラム」と同じものです。もういちど簡単に説明しておきます。自分で追加してみましょう。

ロボットが移動していく中で「何か」にぶつかったら、このプログラムが動作します。ぶつかったら、一旦バックさせます。バックする時間は0.5秒間とします。

次に、物がない方向を見つけるために右へ回転させます。回転する時間は0.5秒間とします。

その後、回転する力を"0"にして回転を止め、"0.5"の力で前進を続けます。

もしも前に進めなかった場合は、このプログラムが再び実行され、前に進めるようになるまでバックと回転を繰り返します。前進する力、バックする力、回転する力、さらに時間にいろいろな値を入れて、試してみましょう。

掃除する時間は**ストップウォッチ**で測ることができます。ストップウォッチは、「オブジェクトエリア」の**「追加」**ボタンで画面に追加できます。**「ツール」**の中から"StopWatch"を選んでください。

ジョイパッドコントローラーと同様に、プログラムの停止中であればストップウォッチの位置を自由に変更できます。時間を測るときは、プログラムをスタートし、「START」をタップ（クリック）します。

実際に、プログラムを動かしてみましょう。

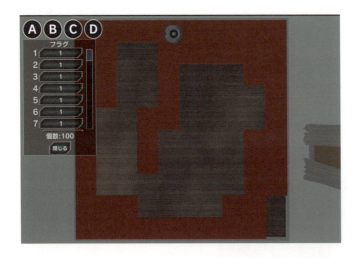

ここで、オブジェクト"Room"に登録されているプログラムについて説明しておきます。ミッション⑤では、**ロボットが通過した区画の色を塗るプログラム**を作成しました。"Room"のプログラムも同様に通過した区画に色を塗りますが、こちらは、すでに色が塗ってある区画は重ねて塗らない（グラフを再描画しない）ようにしてあります。

すでに色が塗ってあるかどうかを判定するために**フラグ**という考え方を使います。たとえば、年賀状を同じ宛先に重ねて出さないようにするには、住所録を使って「送った宛先」に印を付けていくとわかりやすくなります。フラグはこの印にあたります。色を塗る区画の住所録を作っておき、色を塗った区画のフラグの値を（"0"から）"1"にしていけば重ね塗りを防げます。

住所録にあたるものには**リスト**という機能を使います。ここでは「フラグ」と名付けたリストを使用します。下図のように各区画に番号を割り当て、それぞれの区画について「色を塗ったかどうか」の値を書き込めるようになっています。ある区画に色を塗ったら、その区画の値を"1"にします。

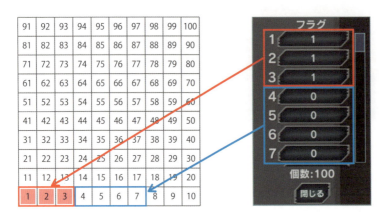

リストの作り方や使い方については、ラボ2「ドローンを動かしてみよう！」で詳しく説明するので、そちらも参考にしてください。

では、プログラムのそれぞれの命令について見ていきましょう。ロボットが通過したら、その区画の値を確認し、値が付いていなければ「色を塗って値を"1"にする」というプログラムです。全ての区画の値が"1"になったら完了とし、「お掃除完了」というメッセージを表示します。

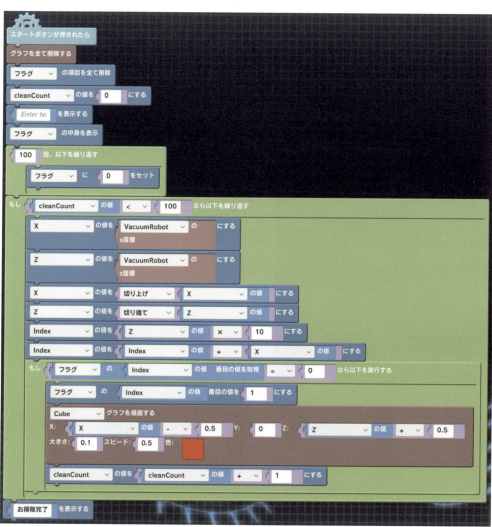

ロボットが通過したら色を塗る−サンプルプログラム

最初の部分で、以下のような初期化を行います。

（初期化の処理）
- 描画したグラフを全て削除します。
- 作成したリスト「フラグ」の中身を全て削除します。
- 変数"cleanCount"のカウントを"0"にリセットします。"cleanCount"は、色を塗った区画の数を数えるための「変数」です。変数については、ラボ2「ドローンを動かしてみよう！」で詳しく説明するので、そちらも参考にしてください。
- 「" "を表示する」の命令で、「お掃除完了」というメッセージを消去します。「お掃除完了」の文字を空白に置き換えることで消去しています。
- リスト「フラグ」内の全区画に"0"の値を入れておきます。色を塗るたびに、これを"1"に変更していきます。
- リスト「フラグ」の中身を画面に表示します。

続いて、"cleanCount"の値が100になるまで命令を繰り返します。1区画が塗られると、"cleanCount"にプラス1されます。"cleanCount"の値が100になると、全区画が塗られたことになります。

「繰り返し処理」の中では、まず最初に**ロボットの位置**を調べます。今回の例では「高さ」方向の移動はないため、y座標の値は常に"0"となります。よって、y座標については除外して説明します。

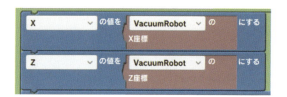

たとえば、掃除ロボットが下図（左）の「黄色の区画」にいた場合、ロボットの座標は（x：3.5, z：2.5）となります。一方、リスト「フラグ」の番号は下図（右）のように割り当ててあります。これによると、ロボットがいる場所は24番地になります。

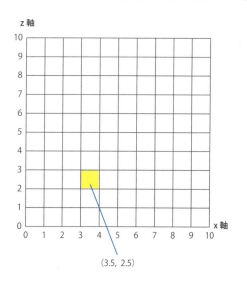

座標から番号（"Index"の番号）を割り出すために、以下のような計算を行います。まずは、x座標の小数点以下は切り上げ、z座標の小数点以下は切り捨て、（3.5, 2.5）を（4, 2）とします。

z軸の値は番地の10の位に該当するので"Z"の値を10倍します。今回の例では、2×10＝20となります。

x軸の値は番地の1の位に該当するので、10倍した"Z"に"X"を足します。今回の例では、20＋4＝24となります。

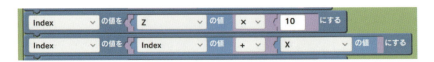

この番地（変数"Index"）の値を確認し、"0"であれば値を"1"に変更して床の色を塗ります（グラフを描画します）。グラフを描く座標位置は「ロボットのいる位置」です。番号を割り出すときに小数点以下（0.5）を切り上げたり切り捨てたりしたので、それぞれを元の値に戻し、大きさ（高さ）"0.1"のグラフを描画します。

最後に、変数"cleanCount"の値に1を足してカウントします。

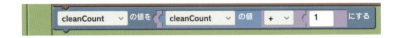

変数"cleanCount"の値が100になり「繰り返し処理」が終了したら、画面に「お掃除完了」と表示して終了します。

＜ステップ5＞ 障害物を置いてみる

　最後は、チャレンジステップです。部屋の中に障害物を置いて、障害物以外の区画を掃除するプログラムを作ってみましょう。
　障害物を追加するときは、「オブジェクトエリア」にある「追加」ボタンを押し、"Rock"をタップ（クリック）します。

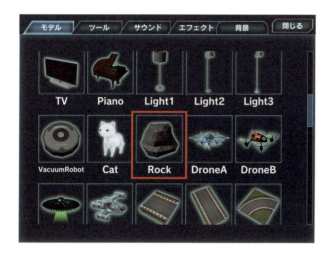

　部屋の左下に岩が表示されるので、好きな場所まで移動させましょう。移動の方法は、ミッション②で学んだ家具の移動を思い出してください。

　岩を置くと、色を塗ることができる区画の数が100よりも少なくなるので、「お掃除完了」のメッセージは表示されなくなります。

　自動掃除プログラムは、このほかにもさまざまな作り方が考えられます。自分でもいろいろと試してみましょう。

移動に関する命令

移動に関する命令はたくさんあり、少しずつ機能が異なります。

・どこまで移動するかを位置（座標）で指定する命令
・オブジェクトを外側から押す（外から力を加える）命令
・オブジェクトが一定の速度で移動し続ける命令

　以下に、主な命令を紹介しておくので参考にしてください。これらの命令は「オブジェクト」、または「応用」→「オブジェクト」のカテゴリーに分類されています。いろいろな命令を試してプログラムを作ってみましょう。

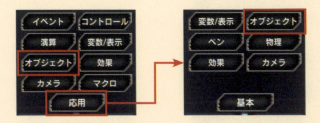

◆ 座標で指定する命令

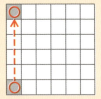

目的地点を絶対座標で指定します。ただし、「現在地」から「目的地」まで一気に瞬間移動するため、その間は通過したことになりません。

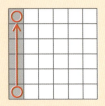

目的地点を絶対座標で指定し、移動スピードの指定も行います。この命令を使った場合は、現在地から目的地まで移動する間も通過したことになります。移動スピードの代わりに、移動時間を指定する命令もあります。

現在の座標からの移動距離を指定します。繰り返し命令と一緒に使うと、アニメーションのように少しずつ動かすことができます。

◆**オブジェクトを外側から押す命令**

後ろからぐっと押して、正面（z方向）にオブジェクトを移動させます。あまり強い力を与えると、スピードが速くなりすぎて、床を通過したことにならない場合があります。

同様に、後ろからぐっと押してオブジェクトを移動させます。x、y、zを組み合わせて、押し出す方向を斜め方向などに指定できます。

（注意点）
・与える力の大きさによって進む距離が変わります。何度か試して、ちょうどよい力加減を探してください。
・力が強すぎると、ロボットが部屋を飛び出して行方不明になってしまう場合があります。

◆**オブジェクトが一定の速度で移動し続ける命令**

ジョイパッドコントローラーで使われている命令です。外から力を加えて動かすのではなく、オブジェクトが一定の速度で移動し続けます。この命令を使うときは、移動する時間の指定と、移動を止める命令が必要になります。移動を止める命令がないと、オブジェクトは動き続けます。

　プログラムを作成するとき、頭で考えたことと実際の結果はしばしば一致しないケースがあります。そこがプログラミングの難しさであると同時に、それを調整するのがプログラミングの楽しさでもあります。

ドローンを動かしてみよう！

ミッション①：住宅街でドローンを飛ばして自動操縦に挑戦しよう
ミッション②：高層ビル街を自由に飛ぼう
ミッション③：マーカーボックスに次々とドローンを当ててみよう
ミッション④：自動的に巡回するプログラムを作ろう
ミッション⑤：カメラをコントロールしてフライト風景を楽しもう

はじめに

　この実験室ではドローンを自由に操縦したり、自作プログラムを使って複雑な仕事をドローンにさせたりします。操縦に慣れてきたらVRでも楽しんでみましょう。

◆ **このラボのミッション**
　ラボ2「ドローンを動かしてみよう！」には5つのミッションが用意されています。

ミッション①：住宅街でドローンを飛ばして自動操縦に挑戦しよう
住宅街の中でドローンを飛ばして、街のいろいろな場所を探検してみましょう。簡単な自動操縦にも挑戦します。

ミッション②：高層ビル街を自由に飛ぼう
ジョイパッドコントローラーを操作して、高層ビル街の中でドローンを飛ばしてみましょう。

ミッション③：マーカーボックスに次々とドローンを当ててみよう
高層ビルの屋上に置かれたマーカーボックスにドローンを当てるゲームで楽しんでみましょう。

ミッション④：自動的に巡回するプログラムを作ろう
いくつかの場所へドローンを自動巡回させるプログラムに挑戦してみましょう。

ミッション⑤：カメラをコントロールしてフライト風景を楽しもう
ドローンに取り付けたカメラを好きな方向に向けるプログラムを作りましょう。

ミッション①
住宅街でドローンを飛ばして自動操縦に挑戦しよう

　ミッション①では、ジョイパッドコントローラーを使って、住宅街の中でドローンを自由に飛ばしてみます。以下のステップで学習を進めていきます。

　　＜ステップ１＞ 街中を探索してみよう
　　＜ステップ２＞ ストップウォッチで時間を測ってみよう
　　＜ステップ３＞ プログラミングで自作タイマーを作ろう
　　＜ステップ４＞ 自動操縦に挑戦しよう

　最初に「**実験室**」ボタンを押してミッションを選択します。ラボ２「ドローンを動かしてみよう！」には、５つのミッションが用意されています。まずは①を選んで「**最初から**」ボタンを押します。なお、前回の続きから始めたい場合は「**続きから**」ボタンを押すようにしてください。

　下図は、①を開いたところです。ミッション①の背景は住宅街です。

「全画面」ボタンを押して、この実験室がどんな様子かを見てみましょう。町の上空に浮かぶ「赤いてんとう虫」のようなドローンが見えます。

「スタート」ボタンを押してプログラムを実行すると、ドローンを自在に動かすことができます。ドローンは、画面内にある2つのジョイパッドコントローラーを動かして操作します。ジョイパッドコントローラーの使い方は、下図を参照してください。

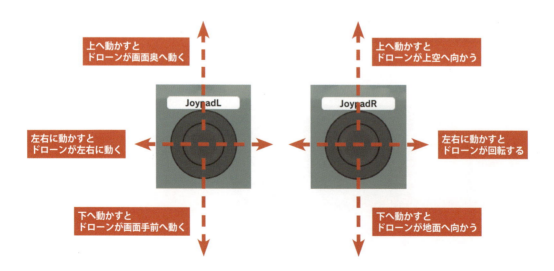

下図は、これからドローンを飛ばす舞台となる小さな町を上空から見下ろした様子です。東西南北（画面の上下左右）にのびる道路に区切られた4つの区画には、大きな家、小さな家のほかに庭やプールもあります。

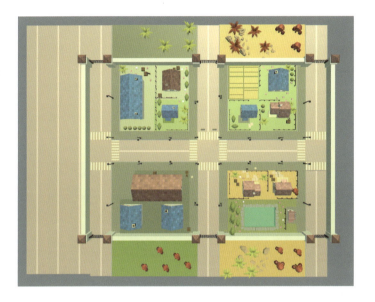

＜ステップ1＞ 街中を探索してみよう

　ジョイパッドの左コントローラー（JoypadL）と右コントローラー（JoypadR）を上手に操作して、上空高くまでドローンを飛ばしてみましょう。街全体の様子がわかるほど高く飛んでみます。

「ストップ」ボタンを押すと、画面右上に「3次元アイコン」が表示されます。四方に突き出た矢印を押すと、街全体をいろいろな角度から見ることができます。

下図は、街をプールのある方向から見た様子です。

再び「スタート」ボタンを押してプログラムを実行し、今度は高度を下げて街のいろいろな場所へ出かけてみましょう。狭いところや民家の敷地にも入ってみましょう。

- ドローンが屋根や壁にぶつかると何が見えるでしょうか？
- プールの中（水の中）に入ることはできるでしょうか？
- 柵の隙間を通りぬけられるでしょうか？
- 街の外側はどんな様子でしょうか？

ドローンの操縦を楽しんだら「ストップ」ボタンを押してプログラムを停止し、「小画面」に戻します。「オブジェクトエリア」で「DroneB」の「Menu」ボタンを押すと、3つのボタンが表示されます。ここで「変更」ボタンを押すと、ドローンの見た目を変えることができます。下図は、例としてドローンをUFO型に変更した様子です。

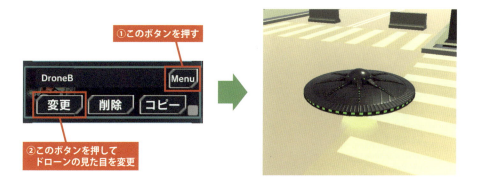

<ステップ2> ストップウォッチで時間を測ろう

　下図は、街を上空から見た様子です。このステップでは、下図の❶から❺までの番号が振ってある場所を順番に回ってタッチダウンしてください。**ドローンが屋根や地面に当たると火花が散る**ので、タッチダウンしたかどうかがわかります。制限時間は300秒（5分）です。300秒以内に全部の場所を回れるよう上手にドローンを操縦しましょう。

300秒を測るのに時計を使うこともできますが、Mind Renderには**ストップウォッチ**が用意されていますので、これを使ってみましょう。「オブジェクトエリア」の「**追加**」ボタンを押し、「**ツール**」**タブ**にある「**StopWatch**」を押します。

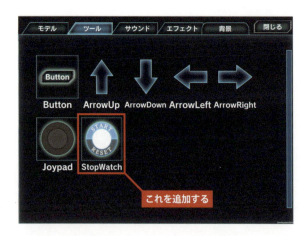

画面にストップウォッチが追加されるので、見やすい位置に移動します（プログラムを停止した状態のときにしか移動できません）。

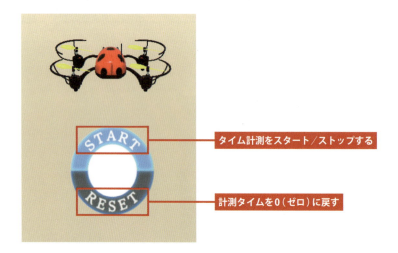

300秒で❶から❺まで順番に回るのは容易ではありません。ジョイパッドコントローラーを上手に操作してミッションをクリアしてください。街の端にある壁を越えるにはドローンの高度を十分に上げる必要があります。高度が足りないと、見えない壁にぶつかって先へ進めなくなるので注意してください。

<ステップ3> プログラミングで自作タイマーを作ろう

<ステップ2>ではストップウォッチを使用しましたが、このミッションでは自分で「タイマー」を作成して、よりゲームっぽくしてみましょう。タイマーとは、3分や5分などの決められた時間が経過したときに画面効果や音で合図する装置です。

ただし、Mind Renderに「タイマー」というオブジェクトは用意されていません。自分でタイマーを実現するプログラムを作る必要があります。これから作るタイマーでは、以下の機能を実現できるようにします。

（タイマーの機能）
- 決められた時間を測る（例：300秒）
- 時間が経過する様子を画面に表示する
- 決められた時間が経過したら画面効果や音で知らせる

タイマーのプログラムは、このラボの背景となっている「Town」の中に作ります。ラボ1でも説明したように、プログラムを作るときは「どのオブジェクトの中で作るか？」を決めなければなりません。今回は「Town」を選択してからプログラムを作り始めます。

以下に、サンプルプログラムを紹介します。

タイマーを作るサンプルプログラムには「**変数**」が使われています。変数の仕組みと使い方から見ていきましょう。変数とは「空の容器」のようなもので、いつでも中身を自由に入れ替えることができる便利なものです。

　カテゴリーエリアで「**変数/表示**」のカテゴリーを選択すると、すぐ下に「**変数設定**」ボタンが表示されます。このボタンを押すと、新しい変数を作る画面が表示されます。ここでは秒数を数えるための変数が必要になるので「秒数」という名前の変数を作成しましょう。変数に関係する命令は、「変数/表示」のカテゴリーに分類されています。カテゴリーは基本編と応用編に分かれています。

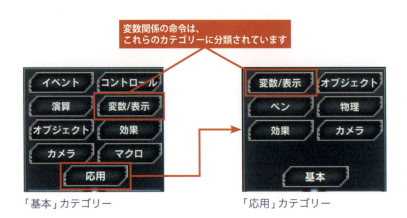

「基本」カテゴリー　　　　　　　　「応用」カテゴリー

　それでは、「秒数」という名前の新しい変数を作る方法を説明していきます。

（1）「**変数/表示**」ボタンを押すと「**変数設定**」ボタンが表示されるので、このボタンを押します。

（2）変数の設定画面が表示されるので、一番上の空欄に「**変数の名前**」を入力します。新しく変数を作るときは、必ず名前を付ける必要があります。名前を入力できたら「**変数追加**」ボタンを押します。

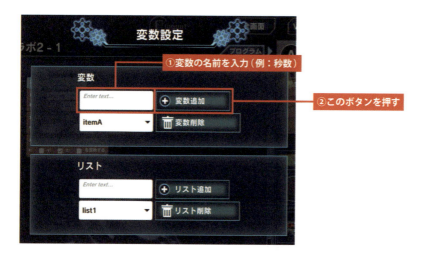

これで新しい変数を作ることができました。「秒数」などの名前で新しい変数を作ると、その変数に「文字」や「数値」を入れたり、変数の中に入れた「文字」や「数値」を取り出して利用したりすることが可能となります。

変数を使うイメージ

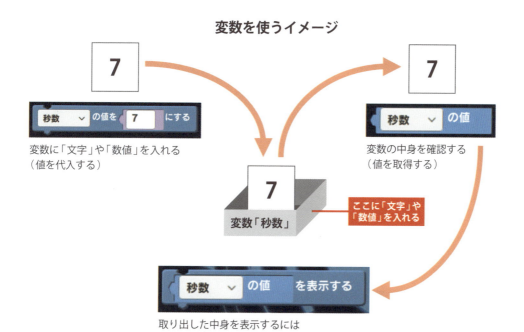

変数の中身を取り出すときは「"itemA"の値」という命令を使用し、"itemA"の部分に「変数の名前」を選択します。

ただし、この命令を実行しただけでは変数の中身を見ることはできません。「" "を表示する」という命令の中に、「"itemA"の値」の命令を配置し、表示する「変数の名前」を選択する必要があります。

このように命令を配置すると、画面下側の**表示エリア**に「変数の中身」を表示させることができます。表示エリアは普段は隠れていて、何かを表示するときのみ表示されます。

たとえば、以下のようなプログラムを作成して実行し、ボタンAを押すと、画面下側の少し暗くなっている部分に「7」と表示されます。この少し暗くなった部分が表示エリアです。

「変数の中身」に数値を足したり、引いたりする、といった**演算**を行うこともできます。以下の図は、「秒数」の中身に1を足した場合の例です。

変数はとても便利に使えるものですが、「考え方」と「使い方」に慣れるまで少し時間がかかるかもしれません。「変数の中身がどのように変わっていくか？」に着目しながらプログラムの流れを丁寧に追いかけていくと、理解の助けになるでしょう。

たとえば、下図に示したプログラムを実行すると、表示エリアに「8」と表示されます。「なぜ、そのようになるのか？」をプログラムの流れを追って考えてみてください。

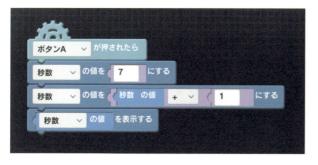

「8」と表示される

変数について学んだところで、先ほど紹介した「タイマーのサンプルプログラム」を詳しく見ていきましょう。

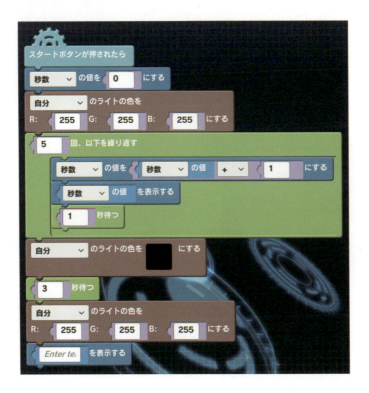

　「スタート」ボタンが押されたら、まずは1番目の命令で変数「秒数」の中身を"0"にしておきます。これは前回にプログラムを実行したときの「変数の中身」がそのまま残っている可能性があるからです。

　2番目の命令では、「"自分"のライトの色をR:"255" G:"255" B:"255"にする」を使って、街の明かりを標準の状態にしておきます。標準の状態とは「R:255　G:255　B:255」（白色）のことです。このプログラムでは街の明かりを暗くするので、最初は必ず標準の状態にしておく必要があります。

　1番目と2番目の命令のように、「プログラムの最初で設定を正しく揃えておくこと」を**初期化**といいます。初期化はプログラムを作る際の大事なポイントとなるので、その役割をよく理解しておいてください。

　3番目の命令は、「繰り返し命令」の中にある命令を5回繰り返します。この中にある命令は、

- 「秒数」の中身に1を加える
- 「秒数」の中身を表示する
- 1秒待つ

となっています。

ラボ2−①　住宅街でドローンを飛ばして自動操縦に挑戦しよう

　繰り返しの1回目から5回目までで、変数「秒数」の中身がどのように変わっていくかを表にまとめておきます。

	「秒数」の中身（値）	画面に表示される数	待ち時間
初期設定	0	表示なし	ここからスタート
1回目	0＋1→1	1	1秒
2回目	1＋1→2	2	1秒
3回目	2＋1→3	3	1秒
4回目	3＋1→4	4	1秒
5回目	4＋1→5	5	1秒

※合計時間が5秒になる

　5回目の繰り返しが終わって次の命令（4番目の命令）が実行されるときには、すでに5秒が経過していることになります。

　4番目の命令では、5秒が経過したことを知らせる合図として、街の明かりを暗くし、3秒間はそのままにしておきます。

　3秒経過したら、街の明かりを標準に戻し、「" "を表示する」の命令を実行します。ただし、この命令の中には何も入れません。中に何もないのに「表示しろ」とはどういう意味でしょうか？　実は、これは表示エリアそのものを消す命令となります。

　以上が、タイマーのサンプルプログラムについての説明です。やり方がわかったら、自分でやってみたい課題を決めて自作タイマーをセット（例えば100秒）して楽しんでみましょう。

＜ステップ4＞ 自動操縦に挑戦しよう

　ここまではジョイパッドコントローラーを使ってドローンを操縦しました。このステップでは、プログラムを作ってドローンの簡単な自動操縦に挑戦します。このステップを始めるときは、実験メニューからラボ2-①をあらためて選び直してから始めるようにしてください。

　下図は街を上空から見下ろした様子です。中央の道路に❶、❷と番号が付けてあります。❶からスタートして❷までドローンを飛ばします。以降の解説を参考にしながらプログラムを作ってみましょう。

　プログラムを使ってドローンを飛ばすには、場所を座標で指定しなければなりません。そこで、好きな地点の座標を調べる方法から紹介していきます。

（1）座標を調べたい場所（スタート地点／ゴール地点／中間地点など）にドローンをジョイパッドコントローラーで移動させます。まずは❶の場所までドローンを移動させます。

（2）ドローンが所定の位置まで来たら「小画面」に戻して、「オブジェクトエリア」の「ドローン」（DroneB）の右下にある四角形を押します。すると、下図のように「pos：」の後に数字が並んで表示されます。

　上の例では「pos：9.44、1.42、-5.46」と表示されています。posはposition（位置）を意味しており、「pos：x座標, y座標, z座標」という形で現在の座標が表示される仕組みになっています。もちろん、あなたが実際に試してみたときは、これと同じ数値にはならないはずです。というのも、ドローンの位置がこの例と一致していないからです。

　同様の手順で、今度は❷の位置までドローンを動かして、posの数値がどうなっているかを調べます。実際に❶と❷の座標を調べてみると、おおよそ以下の表のような数値になるのを確認できると思います。全く同じになっている必要はありません。

地点	x座標	y座標	z座標
❶	0	1	-40
❷	0	1	42

　この表から、ドローンを画面手間から奥へ移動させると、「z座標の数値が大きく変わる」ということがわかります。
　Mind Renderでは、3次元ワールドの場所を特定するのに下図のような座標軸を使っています。x座標、y座標、z座標を組み合わせて3次元の場所を特定します。

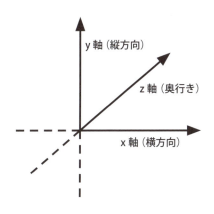

x軸、y軸、z軸をドローンの街に当てはめると下図のようになります。この図を見ると、❶から❷へ移動するにはz軸上の位置（z座標）だけを変化させればよいことがわかります。

ドローンを❶から❷へ移動させるプログラムは、「ドローン」のオブジェクトの中に作ります。

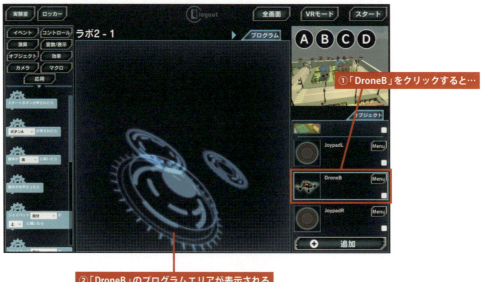

ドローンの位置を移動するのに以下の命令を使ってみましょう。この命令は「オブジェクト」のカテゴリーに分類されています。x、y、zに入力する数値は、自分でドローンを動かして調べても構いませんし、P105の表にある数値を使っても構いません。

この命令を使ったサンプルプログラムは下図のようになります。

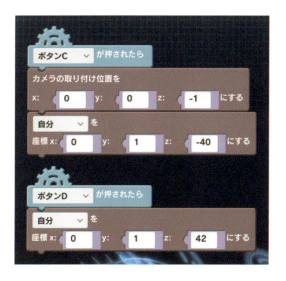

このサンプルプログラムを実行し、ボタンCを押すと❶の位置へ移動します。ボタンDを押すと❷の位置へ移動します。

❶の位置

❷の位置

　このプログラムでは、ボタンを押した瞬間にドローンが指定した位置まで移動するので、実際にドローンが移動している様子を見ることはできません。そこで、別の方法でプログラムを作ってみましょう。ここで作ったプログラムを全て削除するか、もしくは「実験室」からラボ2−①を開きなおします（「最初から」ボタンを押してください）。

> 📖 **Tips**
>
> **プログラムの保存**
>
> 　ここで作ったプログラムを保存しておきたい場合は、ラボ1で説明した「ネットワークロッカー」を利用します。ロッカーに実験を預ける（保存する）ときの操作手順についてはP21〜29を参照してください。

新しく作るプログラムでは、❶から❷へ飛んでいくドローンを追いかけながら観察できるようにします。
　Mind Renderには「カメラ」と呼ばれる機能が備わっています。ラボ1で説明したように、カメラには「固定カメラ」と「移動カメラ」の2種類があります。今回は移動カメラを使ってみましょう。
　移動カメラの設定を変えることで、ドローンを好きなアングルから見ることができます。何かを追いかけるようにするときは、「追いかけるものの向き」を基準にしてカメラの位置を考えます。今回はドローンを追いかけるので、「ドローンの向き」を基準にカメラの位置を決めます。ただし、カメラは常にドローンを見るように設定されています。
　カメラの座標（x、y、z）を変えると、ドローンを好きな場所からカメラでとらえることができます。下図はカメラのz座標を変えていった様子です。ドローンの位置座標は（0，0，-30）にセットしています。

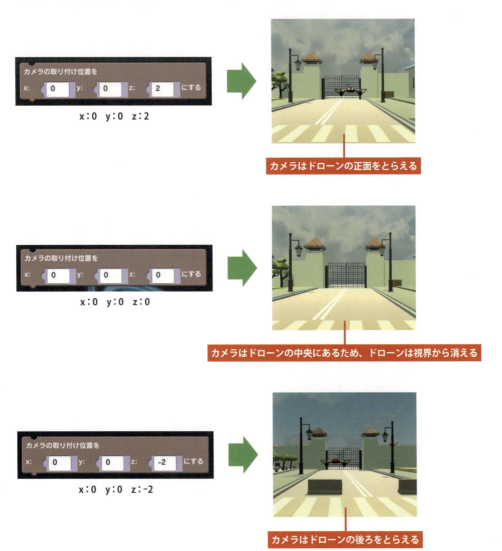

以下の図は、ドローンのx軸、y軸、z軸がどの方向になるかを示しています。

x軸：ドローンの左右方向
y軸：ドローンの上下方向
z軸：ドローンの進行方向

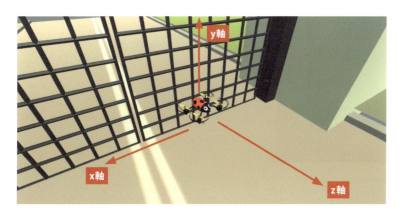

カメラは常にドローンを追いかけるように設定できます。さらに、「ドローンに対してどのような位置にカメラを置いて追いかけるか」も指定できます。下図はドローンの右後方上にカメラを置いた場合の見え方です。

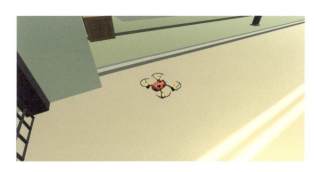

設定を変えれば、下図のようにドローンに近づくこともできます。

以下に、カメラの設定をするプログラムの例を示します。このプログラムでは、カメラがドローンの内部に置かれるように設定されているため、ドローンの前方に広がる世界を見ることができます。このプログラムはカメラオブジェクトの中にあります。

　「スタート」ボタンが押されると、1番目の命令で「カメラがドローンを追いかけること」を有効(on)にします。2番目の命令で「ドローンに対してどのような場所にカメラを置くか」を決めます。この例では、

　　x：0（ドローンの左右中央）
　　y：0（ドローンと同じ高さ）
　　z：0（ドローンの前後中心）

の位置にカメラを置いてドローンを追いかける（ドローンと同時に動く）ことになります。
　3番目の命令はドローンが向きを変えたときに、「カメラも同じように向きを変えるかどうか」を指定するものです。

　このプログラムを実行したときの様子は、下図のようになります。

続いては、ドローンを少しずつ移動させる方法を説明していきます。ここでは、以下の命令を使います。この命令は、「現在のドローンの位置」に「x、y、zに指定した数値を加える」という命令です。

ドローンが❶の場所にあると考えると、進行方向であるzに数値を加えていけば、❷の方向に進んでいくことになります。ここで考えなければならないことは、「z方向にどれだけの値を加えれば❷まで到達できるか」です。❶と❷の座標をもういちど見てみましょう。

地点	x座標	y座標	z座標
❶	0	1	-40
❷	0	1	42

❶と❷のz軸上の距離は「❷と❶のz座標の差」となります。❷のz座標は42、❶のz座標は-40なので、その差は82となります。つまり、z軸方向に82だけ進めば❷に到達することになります。ただし、上の命令でzに82をそのまま加えると、ドローンは瞬間的に❷に到着してしまいます。そこで、z軸方向へ少しずつ進めるために、以下のようにプログラムを作成します。

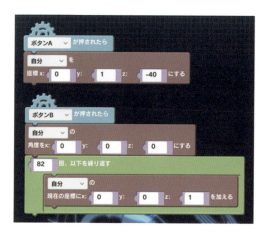

ボタンAを押すと、スタート位置である❶にドローンが移動されます。次にボタンBを押すと、ドローンの角度を（0，0，0）に初期化して、z軸方向に1ずつ移動する動作を82回繰り返します。その結果、❷まで移動することになります。このように工夫することで、アニメーションを見ているようにドローンを動かすことができます。

（z軸方向に１回で進む距離）×（繰り返す回数）＝（❶と❷の距離）となるようにしておけば、いろいろな組み合わせを楽しむことができます。たとえば、以下のようにプログラムを変更すると、ドローンはより高速に❷まで飛んでいきます。

逆に、以下のように数値を変更すると、ドローンは少しゆっくりしたスピードで❷まで飛んでいきます（繰り返しの回数も注意してください）。

数値の組み合わせを変更しながら、いろいろなスピードを試してみましょう。なお、ここで作ったプログラム（自分で作ったプログラム）を保存しておきたい場合は、ネットワークロッカーを利用します。ロッカーに実験を預ける（保存する）ときの操作手順についてはP21～29を参照してください。

VRで楽しんでみよう！

　Mind Renderの自動記録機能を使って、ドローン飛行をVRで楽しむことも可能です。ここでは新しく開いたラボ２-①を使います。「実験室」を開いて「ラボ２-①」を選択し、「最初から」ボタンを押してください。

（VR体験のために用意するもの）
　・VRメガネ
　・VRメガネにセット可能な大きさのスマートフォン
　　（あらかじめMind Renderをインストールしておく）

VR体験をするために、**ドローンの動作をMind Renderに記録して自動再生するプログラム**を作ります。記録できる最大時間は2分間です。録画は完全一致でない場合もあります。記録と自動再生を行う手順は以下のとおりです。

（1）まずは、以下のようなプログラムを作ります。

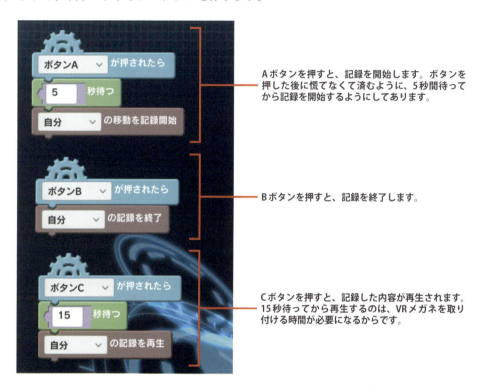

（2）このプログラムを使って、自分が気にいったフライトが記録できるまで何度かドローンを飛ばしてみましょう。ドローンはジョイパッドコントローラーを使って操縦します。

（3）気に入った記録ができたら実験をネットワークロッカーへ保存します。実験をロッカーへ保存すると、ドローンのフライト記録も同時に保存されます。

（4）スマートフォンで保存した実験を読み込みます。

（5）VRメガネを取り付けたら、「全画面」→「スタート」とボタンを押してからボタンCを押し、記録したドローンフライトを再生します。15秒以内に「VRモード」ボタンを押してVRメガネで見てください。

※上記の（3）〜（5）の操作手順は、ラボ1のP21〜29で詳しく紹介しています。必要があれば参照してください。

慣れてきたらカメラの高さを変えて、どんなふうに見え方が変わるか試してみましょう。カメラの高さを変えると、道路のすぐ上を飛んだり、街をはるかに見下ろして飛んだりすることができます。以下の図は、カメラの高さを変えたときの見え方の例です。

y：2

y：5

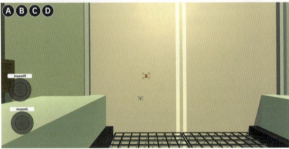

y：10

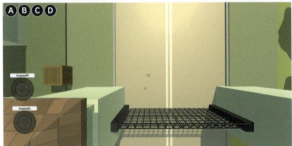

ミッション②
高層ビル街を自由に飛ぼう

このミッションでは、高層ビル街の中でドローンを飛ばします。ラボ2-②を開きましょう。

遠近法と等角法

　以下の図は、高層ビル街を上空から見た様子です。A図は**遠近法**で見た様子、B図は**等角法**で見た様子です。遠近法では画面の端にいくほど高層ビルが少し斜めになり、ビルの下側まで見えます。一方、等角法ではビルの屋上だけが見えています。

A図（遠近法）

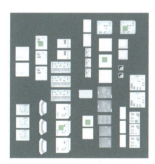

B図（等角法）

　3次元の世界を紙やディスプレイで見るときは、2次元に変換して見ることになります。そのときに「A図の方法」と「B図の方法」のどちらかを使うことができます。A図の場合は、建物を立体的に見ることができます。B図の場合は、それぞれの建物が重なることなく見ることができます。

世界地図の例を思い出してみましょう。本当は球のような形をしている地球を２次元の紙の上で見るために、いろいろな工夫がされています。

このミッションで挑戦すること

ジョイパッドコントローラーを使って高層ビル街の中を自由に飛び回ってみましょう。建物にぶつからないよう気をつけてドローンを飛ばしてください。以下の図は、起動後の画面です。ドローンは画面中央にあります。

慣れてきたらミッション①で学んだことを思い出しながら次のことに挑戦してみましょう。

（1）カメラの取り付け位置を変える
（2）ある場所から別の場所へ自動操縦で移動する
（3）VRフライトを楽しむ（自動記録命令を使う）

迫力ある高層ビル街のフライトを楽しんでください。

/// ミッション③ ///
マーカーボックスに次々とドローンを当ててみよう

　ミッション③では、5つのグリーンボックスに制限時間内にタッチして色を変えるゲームを楽しみます。ラボ2-③を開きましょう。ビルの上に5つのグリーンボックスがあります。グリーンボックスは、ドローンでタッチすると緑から黒に色が変わります。

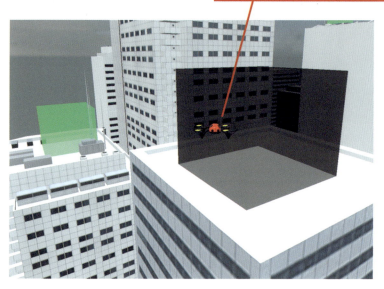

ドローンが触れると
グリーンボックスの色が緑から黒に変わる

時間を計測するタイマーの作成

　時間を計測するために、ミッション①で使ったタイマーを追加しておきましょう。ただし、ミッション①のプログラムと比べて、以下の点を変更してあります。このタイマーは背景となっている「City」オブジェクトの中で作ります。

（プログラムの変更点）
- オブジェクトのライトの色を変える代わりに「環境光の色を" "にする」を使用します。
- 環境光を元に戻すために「環境光の色をR:" " G:" " B:" "にする」を使用します。
  ※この命令は「応用」→「効果」のカテゴリに分類されています。

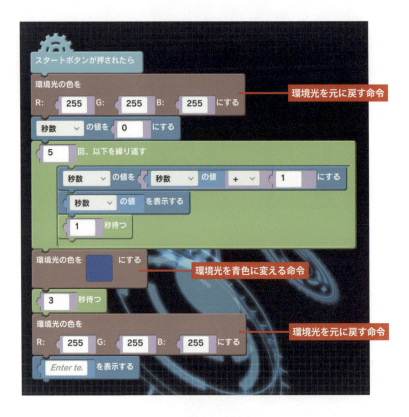

　環境光を元の自然光のようにするには

　　　R：255　　G：255　　B：255

を指定します。環境光（環境ライト）とは周囲一帯を照らす光のことで、環境光を変えることで街中の様子を赤っぽくしたり、青っぽくしたりすることができます。環境光を変えるとビルの色なども変化します。

/// ミッション④ ///
自動的に巡回するプログラムを作ろう

　ミッション④では、高層ビル街の中をドローンが自動巡回するプログラムを作成します。以下のステップで学習を進めていきます。

　　　＜ステップ１＞　スタート位置から２つの場所を自動巡回する
　　　＜ステップ２＞　配達先の座標を伝えて自動巡回させる

＜ステップ１＞ スタート位置から２つの場所を自動巡回する

　下図の❶の地点からドローンをスタートさせて、❷を経由して❸までドローンを自動操縦で巡回するプログラムを作りましょう。

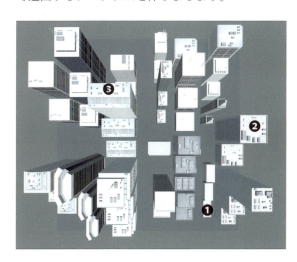

　❶、❷、❸の地点について、それぞれの座標を調べる必要があります。まずは、ミッション③を開いてドローンを操縦し、各地点のx座標、y座標、z座標の数値を調べます。以下の表に示したサンプルデータを使っても構いません。

地点	x座標	y座標	z座標
❶	58	4	−67
❷	77	52	2
❸	−22	73	25

各地点の座標を確認できたら、ラボ2-④を開いて**ドローンを自動巡回させるプログラム**を作ります。基本的な考え方はミッション①と同じです。このプログラムは**「DroneB」**（ドローン）のオブジェクトの中で作ります。

ドローンを選択してから
プログラムを作成する

このプログラムでは「"自分"を座標x：" " y：" " z：" "にする」の命令を使っています。一瞬で移動してしまうため、移動している途中の様子を見ることはできません。

ドローンが飛んでいる様子を観察したい場合は、ミッション①でも試したようにドローンの位置を少しずつ移動させなければいけません。ただし、1つの配達先から別の配達先へ移動する際に、最短距離で直線的に移動することは大抵の場合できません。なぜなら途中にあるビルにぶつかってしまうからです。高層ビル群にぶつからないようにする工夫として、次のように移動する方法を考えてみましょう。

　　（1）y軸方向（地面から上空の方向）へ全てのビルよりも高いところまで上昇する
　　（2）配達先のx座標まで移動する
　　（3）配達先のz座標まで移動する
　　（4）配達先のy座標になるまで降下する

このように移動すると、ビルにぶつかることなく、それぞれの目的地の座標まで移動を完了することができます。(1)～(4)が、実際にプログラムではどうなっているかを順番に見てみましょう。

(1) y軸方向へ全てのビルよりも高いところまで上昇する

プログラムをスタートした直後にドローンを❶の地点まで瞬間移動させます。❶のy座標は4です。ここから全ての高層ビルを超える高さまで上がります。その高さを120と仮定しましょう。ドローンがy軸方向へ上昇しなければならない距離は、4と120の差、つまり116となります。よって、y軸方向へ少しずつ、距離116だけ上昇すればよいことになります。このプログラムは以下のようになります。

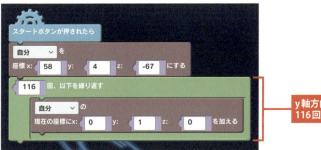

(2) 配達先のx座標まで移動する

ドローンは「❶の座標」からy軸方向だけに移動したので、x軸とz軸の方向はまだ❶の地点にいます。次に「❷の座標」へ向かってx軸方向に移動しましょう。地点❷のx座標は77です。一方、現在のドローンのx座標は58(地点❶のx座標)のままです。この2つの差となる19が、x軸方向へドローンが移動すべき距離となります。この命令を先ほどのプログラムに付け加えます。

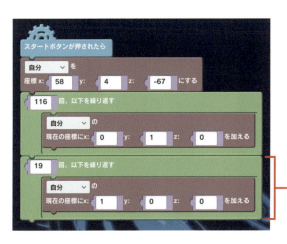

（3）配達先のz座標まで移動する

次に、z軸方向へ移動します。❶と❷のz座標は、それぞれ-67、2となっているので、この2つの間の距離は69となります。この移動をプログラムに追加します。

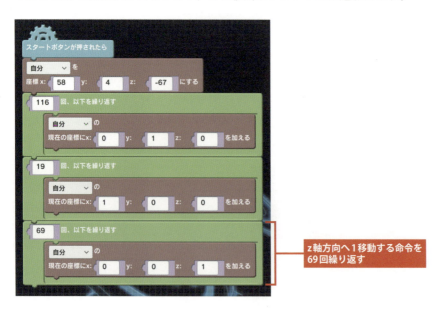

（4）配達先のy座標になるまで降下する

最後に、「❷のy座標」まで上空から降下します。現在のドローンのy座標は、まだ120のままです。一方、「❷のy座標」は52です。この2つの差である68だけ移動します。このとき、注意しなければいけないことはドローンを移動させる方向です。今回は120から値が小さくなる方向へ移動させるので、y軸で加える数値は-1となります。

プログラムの最後に、カメラの取り付け位置を変えるための命令を追加してあります。これは、ドローンがゴール地点に到着したことを確認しやすくするための工夫です。この命令がないと、見え方がどんなふうに変化するかも試してみてください。

このプログラムを実行すると、以下の図のようにドローンが地点❷へ到達するのを確認できます。

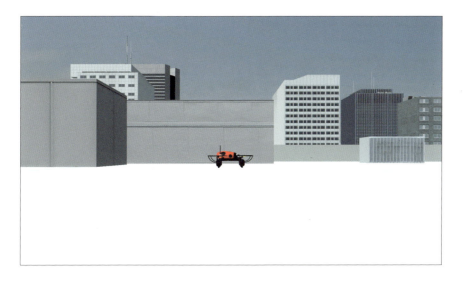

これで無事にドローンを❶から❷へ移動させることができました。同じ要領で、今度は❷から❸へ移動するプログラムを自分で作成してみてください。

　　（1）y軸方向（地面から上空の方向）へ全てのビルよりも高いところまで上昇する
　　（2）地点❸のx座標まで移動する
　　（3）地点❸のz座標まで移動する
　　（4）地点❸のy座標になるまで降下する

という考え方に沿ってプログラムを作っていけば、きっと成功するはずです。

＜ステップ2＞ 配達先の座標を伝えて自動巡回させる

今度は、「各地点の座標」をドローンに伝えて自動巡回させるプログラムを作ってみましょう。次のようなことがポイントになります。

　　（1）「各地点の座標」をまとめて覚えておく仕組み
　　（2）覚えておいた「各地点の座標」を読み出す仕組み
　　（3）読み出した配達先へドローンを移動させる仕組み
　　（4）上記の（2）と（3）を繰り返して、全ての配達先を巡回する仕組み

各地点の座標は、＜ステップ1＞と同じ3つの座標を使います。

地点	x座標	y座標	z座標
❶	58	4	-67
❷	77	52	2
❸	-22	73	25

　このラボのミッション①（ステップ3：タイマーを作る）でも学んだように、変数には1つのデータしか格納することができません。しかし、今回の例では2つ以上のデータを格納する仕組みが必要になります。そのため、Mind Renderには「**リスト**」と呼ばれる仕組みが用意されています。配達先の座標は、このリストに格納していきます。
　リストは、簡単に言うと、「いくつもの部屋を縦に並べて、ひとまとめにしたようなもの」です。リスト内にある、それぞれの部屋は「**要素**」と呼ばれます。それぞれの要素に格納された中身は、いつでも呼び出すことができます。

　❶、❷、❸の座標（x、y、z）を格納しておくには、3つのリストを用意しておく必要があります。各地点の座標データを格納するために、次ページのように「配達先1」、「配達先2」、「配達先3」の3つのリストを用意します。それぞれのリストに、**x座標、y座標、z座標の順番で「座標を示す数値」を格納しておきます**。こうしておくと、「どのリストの何番目のデータ」と指定するだけで、好きな座標を取り出せるようになります。実際にリストを作りながら、どのようにデータを格納したり、呼び出したりするかを見ていきましょう。

リストはなぜ必要？

　世の中には、何かを特定するときに、「1つだけの情報で済む場合」と「複数の情報が必要になる場合」があります。たとえば「現在の時刻」というだけでは、地球上の「どの場所の時刻」なのかわかりません。「東京の現在の時刻」と「ニューヨークの現在の時刻」では、それぞれの時刻に違いがあります。つまり、時刻を特定するのには2つの情報が必要ということになります。
　スタート地点や配達先の座標を特定するには、x、y、zという3つのデータが必要になります。これを変数で管理するには、たくさんの変数を作らなければいけません。変数を作る手間を減らし、必要な情報を呼び出す作業を少しでも楽にするために「リスト」が利用されます。

リスト1	リスト2	リスト3

まずは、リストを作るときの操作手順を説明します。カテゴリーエリアにある「**変数／表示**」**ボタン**を押すと、すぐ下に「**変数設定**」**ボタン**が表示されます。このボタンを押します。

すると、以下の図のような画面が表示されます。下側にある「**リスト**」に「配達先1」などの名前を入力してから「**リスト追加**」**ボタン**を押すと、新しいリストを作成できます。

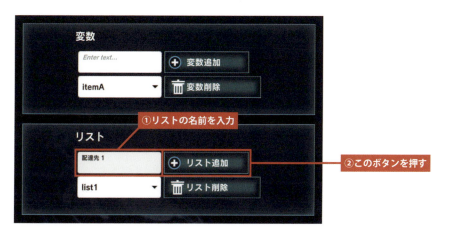

念のため、下図のようにドロップボックスを押して、作成したリストの名前が表示されることを確認しておきましょう。

　同様にして「配達先2」、「配達先3」という名前のリストも作成します。

　3つのリストを用意できたら、各地点の座標データをリストに入力していきます。以下の図は、「配達先1」のリストに地点❶のx座標、y座標、z座標の数値を追加するプログラムです。正しく追加できたかを確認するために「" "の中身を表示」の命令も加えてあります。この命令は、リストを名前（例：配達先1など）で指定して、リストの中身を表示させるためのものです。

※「"（リスト名）"に" "をセット」および「"（リスト名）"の中身を表示」の命令は、「応用」→「変数／表示」のカテゴリーに分類されています。

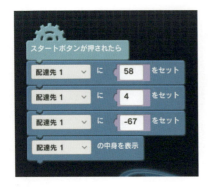

このプログラムを実行すると、画面左上にリストの中身が表示されます。上から順番に、x座標、y座標、z座標の数値が格納されていることがわかります。

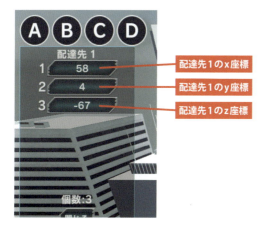

　以下の図（左）は、「配達先1」〜「配達先3」の座標をすべてセットするプログラムのサンプルです。「"（リスト名）"に" "をセット」の命令を使うと、各リストに次々とデータがセットされていきます。リストを空の状態から始めたい場合は、いちどリストの中身をすべて削除しておく必要があります。図（右）がそのためのプログラムです。

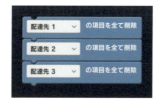

　なお、リストの中身を表示する領域は1つしかないため、図（左）のサンプルプログラムでは、時間を空けて順番にリストの中身を表示するようにしています。

続いては、リストに格納したデータを使って**ドローンを配達先に向かわせるプログラム**を見ていきましょう。ドローンを移動させるには以下の命令を使います。

この命令の中にある「**座標x：" " y：" " z：" "**」の部分に、**リストからデータを呼び出す命令**を挿入します。例として「配達先1」の場合を考えてみましょう。「配達先1」のリストには、下図のようにx座標、y座標、z座標のデータが上から順番に格納されています。

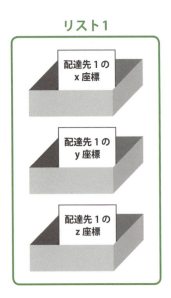

リストの中身を呼び出すには、以下の命令を使います。"配達先1"の部分は、プルダウンメニューを押して「**中身を呼び出したいリスト名**」を指定します。その後、「**リストの何番目のデータを呼び出したいか**」を数字で指定します。
※この命令は、「**応用**」→「**変数／表示**」のカテゴリーに分類されています。

「配達先 1」の中身を使ってドローンの行き先を指定するプログラムは、以下の図のようになります。下図では、スピードが"0"になっていますが、実際にプログラムを作成するときは、「自分の好きなスピード」（0以外）を指定するようにしてください。

同じようにすれば、「配達先 2」や「配達先 3」の行き先も指定できます。自分でプログラムを完成させて、ドローンに自動配達させてみましょう。

ただし、「次の配達先」へ最短距離で直線的に移動できないことに注意しなければなりません。＜ステップ１＞と同様に、以下の考え方に沿って移動するプログラムを考える必要があります。

（1）y軸方向（地面から上空の方向）へ全てのビルよりも高いところまで上昇する
（2）配達先のx座標まで移動する
（3）配達先のz座標まで移動する
（4）配達先のy座標になるまで降下する

うまくできたら、さらに多くの配達先を追加したプログラムも作ってみましょう。

ミッション⑤
カメラをコントロールしてフライト風景を楽しもう

　このミッションでは、ドローンを自動操縦させている間に**カメラの向きを変えてフライト中の風景を楽しむプログラム**を作ってみます。「実験室」からラボ2-⑤を開いてください。

自動操縦プログラムの作成

　最初に、自動操縦プログラムを作ります。低いところから高いところまで街中の風景が見えるように、次のような動きをするプログラムにしてみましょう。

　　（1）好きな地点からスタートし、まっすぐ上昇する
　　（2）東西方向へ街の端から端まで移動し、元の地点まで戻る
　　（3）南北方向へ街の端から端まで移動し、元の地点まで戻る

　以上の流れを順番に作っていきましょう。ただし、高さや東西南北の範囲に気を付けなければいけません。

（1）好きな地点からスタートし、まっすぐ上昇する
　スタート時のカメラの座標は、ドローンの様子がわかるように図（左）のように設定しておきます。これはカメラオブジェクトの中で設定します。ドローンは図（右）のように見えます。

以下の図は、ドローンをまっすぐ上昇させるプログラムです。

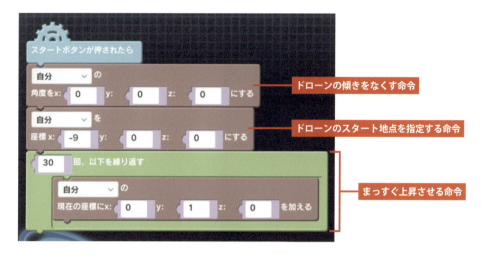

「スタート」ボタンが押されたら、ドローンがどちらの向きにも傾いていないようにするために、1番目の命令で自分（ドローン）の角度を0にします。

2番目の命令でドローンのスタート地点を指定します。ここでは「x:"-9" y:"0" z:"0"」をスタート地点に指定しました（下図を参照）。自分で好きな場所を指定してください。上の例をそのまま使ってもかまいません。

3番目の命令でドローンを街の上空まで飛ばします。今回の設定では、ドローンをy：30の高さまで上昇させます。上昇を終えたときの街の見え方は下図のようになります。もっと高くしたり、低くしたりして、自分の好みに調整してください。

（2）東西方向へ街の端から端まで移動し、元の地点まで戻る

　続いて、ドローンを東西方向へ移動させます。すでにドローンは街の上空まで上昇しています。この高さのまま、東西方向（x方向）に移動します。サンプルプログラムは以下のようになります。

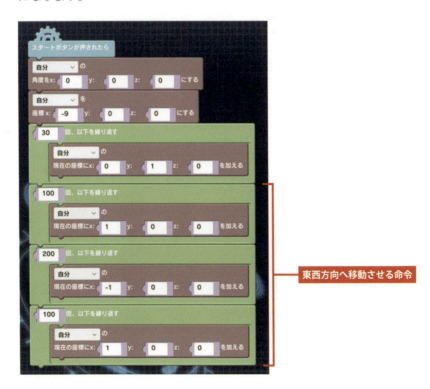

4番目の命令で東（画面右）方向へ移動します。x座標に加える数値は"1"です。100回繰り返すので、移動距離は100になります。

　5番目の命令で西（画面左）方向へ移動します。x座標に加える数値は"-1"です。西の端まで移動したいので、「4番目の命令」の倍の距離になる200だけ移動します。

　6番目の命令で元の位置へ戻ります。x座標に加える数値は"1"で、移動距離は100となります。

（3）南北方向へ街の端から端まで移動し、元の地点まで戻る

　続いて、ドローンを南北方向へ移動させます。サンプルプログラムは以下のようになります。

　7番目の命令で北（画面奥）方向へ移動します。z座標に加える数値は"1"です。100回繰り返すので、移動距離は100になります。

8番目の命令で南方向（画面手前）へ移動します。z座標に加える数値は"-1"です。南の端まで移動したいので、「7番目の命令」の倍の距離になる200だけ移動します。
　9番目の命令で元の位置へ戻ります。z座標に加える数値は"1"で、移動距離は100となります。
　これで、上空に上がり、東西と南北に移動するプログラムが完成しました。

> **Tips**
> **ドローンの飛行速度の調整**
> 　このプログラムは、ドローンが飛ぶスピードがだいぶ速くなっています。もっとゆっくり飛ばして風景を楽しむにはどうすればよいか、各自で考えて設定を変えてみてください。

カメラの設定を変えるプログラムの作成

　次は、**カメラの設定を変えるプログラム**を作ります。この設定は「Camera」のオブジェクトに作ります。以下のような機能を実現するプログラムにしてみましょう。

- ボタンAが押されたら真下を見る
- ボタンDが押されたら元の設定に戻る

　カメラの向きを変えるには「カメラのレンズをx:" " y:" " z:" "に向ける」の命令を使います。この命令は「基本」→「カメラ」のカテゴリーに分類されています。この命令を使えばカメラのレンズをいろいろな方向に向けることができます。
　以下に、サンプルプログラムを示します。このミッションの最初で作ったカメラのプログラムに、命令を1つ追加してあります。これは、スタート時にカメラの向きを「ドローンが見える方向」に設定するためのものです。

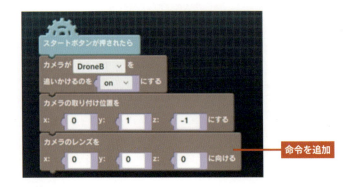

ボタンAが押されたらカメラのレンズを真下に向けます。そのためには、y座標にマイナスの値を指定しなければなりません。数値が大きいほど真下になります。

　ボタンDが押されたら「スタート時と同じ向き」にカメラを戻します。この設定は「スタート時のカメラの向き」と同じです。

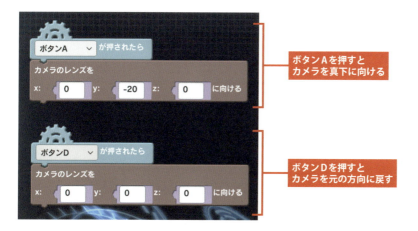

ボタンAを押すとカメラを真下に向ける

ボタンDを押すとカメラを元の方向に戻す

 Tips

レンズの向き

　カメラをオブジェクト（例：ドローン）に取り付けるときに、レンズの向きを変えることができます。レンズの向きは、指定するy座標の値を変更することによって正面を向けたり、上や下に向けたりできます。

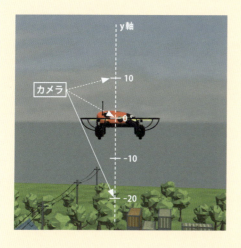

先ほどのサンプルプログラムでは、y:-20を指定して、下を向くように設定してあります。

これで、このミッションのプログラムは完成です。「スタート」ボタンを押して自動操縦が始まったら、AボタンやDボタンを押してカメラの向きを切り替えて、いろいろなフライト風景を楽しんでください。

上級編

　さらに上級編として、ドローンの飛びかたを変えてみましょう。ドローンが**街の上空を旋回するようにするプログラム**は、どうやったら作ることができるでしょうか？

　旋回するという動きについて考えてみましょう。旋回するとは、スタート地点から自分の進む向きを少しずつ変えながら、1周したときに再び「元の向き」を向いている状態と考えることができます。つまり、自分が360°回転したことになります。

　自分が向きを変えながら少しずつ前に進んでいるわけですから、そのような動きを作成すればよいことになります。「少し向きを変えて、少し進む」という動きを繰り返せば、旋回を実現できそうです。

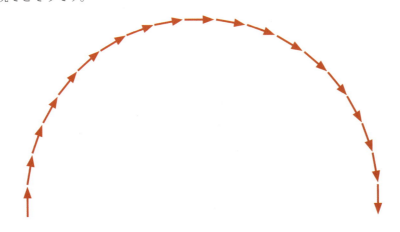

　この動きをプログラムで作ると、次ページの図のようになります。

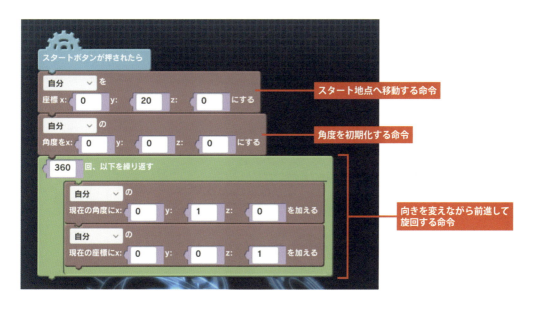

「スタート」ボタンが押されると、ドローンは上空の地点（y座標：20）に移動します。x座標とz座標は0なので、街の中央がスタート地点になります。ドローンの角度も（0, 0, 0）に初期化しておきます。

2番目の命令は「360回の繰り返し」となっています。繰り返す内容は、y軸に対して1°だけ向きを変える、つまり「少しだけ右を向く」という動作になります。その後、進行方向（z方向）に1だけ進みます。

これで「少し向きを変えて、少し進みながら360°回転する」という動作が実現できます。このプログラムを実行すると、ドローンが街の上空を旋回します。

「本当に旋回軌道になっているか？」を確かめるために、「ペン」を持たせて軌跡が見えるようにしてみましょう。次ページにサンプルプログラムを示します。

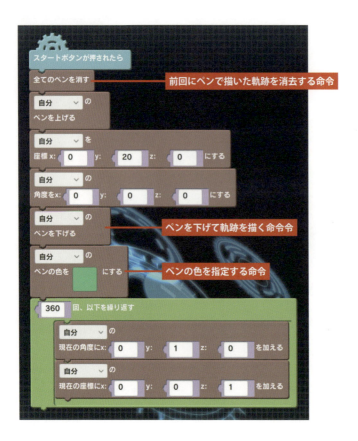

　このプログラムを実行すると、下図に示したような軌跡を見ることができます。旋回の中心を変えたい場合は、スタート地点の座標を調節してください。

　周回軌道を飛ばしながら、カメラの向きを変えて風景を楽しんでみてください。ゆっくり飛ぶ、VRで楽しむなど、いろいろな遊び方が考えられると思います。

3Dで日本を知ろう！

- **ミッション①**：立体グラフをVRで見てみよう
- **ミッション②**：座標を調べてグラフを描いてみよう
- **ミッション③**：日本地図にグラフを描こう
- **ミッション④**：データを読み込んでいくつものグラフを描こう
- **ミッション⑤**：世界地図にグラフを描こう

はじめに

　この実験室では、いろいろなデータを使って日本地図の上にグラフを描いていきます。グラフは、いくつかのデータを比べて見たいときにたいへん便利です。インターネットや新聞、書籍の中で、いろいろな調査や観察、実験のデータを見つけられます。こうしたデータを使って、身の回りの面白いこと、興味のあることについて、自分でその原因や結果についてどんどん調べていくことができます。

◆ **このラボのミッション**

　ラボ3「3Dで日本を知ろう！」には5つのミッションが用意されています。

> ### ミッション①：立体グラフをVRで見てみよう
> 日本地図の上に描かれた立体グラフをVRで見てみましょう。プログラムを使ってカメラの位置を動かす方法、グラフを描画する命令についても説明します。
>
> ### ミッション②：座標を調べてグラフを描いてみよう
> 地図上にある好きな地点の座標を調べてグラフを描画してみましょう。このミッションでは、「Pin」のオブジェクトを使って座標を調べる方法を学習します。
>
> ### ミッション③：日本地図にグラフを描こう
> 実際の統計データを使って、日本地図の上にグラフを描画してみましょう。このミッションでは、「実際のデータ」の数値をグラフ描画用に変換する方法を学習します。
>
> ### ミッション④：データを読み込んでいくつものグラフを描こう
> あらかじめデータを「リスト」に格納しておき、「リスト」からデータを読み込んでグラフを描いてみましょう。
>
> ### ミッション⑤：世界地図にグラフを描こう
> 世界各国のデータをグラフで示してみましょう。このミッションでは、世界地図の上にグラフを描く方法を紹介します。

ミッション①

立体グラフをVRで見てみよう

　Mind Renderを使うと、数多くのデータをまとめたり、分析したり、わかりやすいグラフにしたりすることができます。まずは「**実験室**」を開いて、ラボ3「3Dで日本を知ろう」の①を開いてみましょう。

　下図がラボ3-①を開いた様子です。

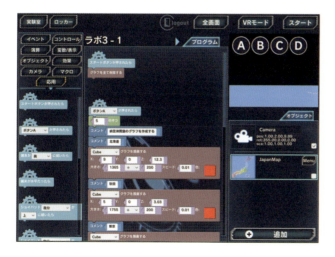

　ラボ3-①は、**VR**体験をするための実験室です。サンプルプログラムだけでVRを楽しむことができるので、まずは体験してみましょう。VRを楽しむための準備は、これまでの解説を参考にしてください。

VRで3Dグラフを体験

スマートフォンでラボ3-①を開いたら、「全画面」に切り替えてVRメガネを取り付け、VR体験を楽しんでみてください。VRメガネで画面を見ながら体の向きを上下左右に動かしてみましょう。プログラムをスタートするにはボタンAを押してください。下図はプログラム実行中の様子です。

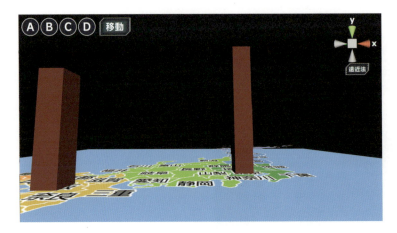

VRを体験できたら、ラボ3-①のプログラムを調べていきましょう。ラボ3-①には、あらかじめ2つのオブジェクトが用意されています。

- Camera（カメラ）
- japan_map（日本地図）

どちらにもプログラムが登録されているので、順番に見ていきましょう。

カメラのプログラム（1）

「Camera」（カメラ）のオブジェクトには、2つのプログラムが登録されています。

最初のプログラムは次ページに示した図のようになっています。これは「スタート」ボタンが押されたときのカメラの位置を決めるプログラムです。

カメラの座標は以下の図のようになります。

　　　x：1 ………… 左右方向の中心（0）から1だけ右
　　　y：2 ………… 上下方向の中心（0）から2だけ上
　　　z：-20 ……… 奥行き方向の中心（0）から20だけ手前

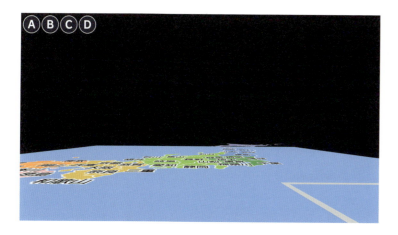

　この座標に「カメラ」の代わりに「ピン」を立ててみると以下の図のようになります。カメラを置いた位置がわかりやすくなると思います。

この位置にカメラを置き、2番目の命令でカメラの角度を

　　　x：-5 ………… 水平より少し上を向く
　　　y：0 ………… 真っ直ぐ前
　　　z：0 ………… 左右に傾けない

と指定します。つまり少しだけ見上げるような角度になります。カメラの角度をいろいろ変えて見え方の変化を楽しんでください。

カメラのプログラム（2）

「Camera」に登録されている2番目のプログラムは、以下の図のようになっています。

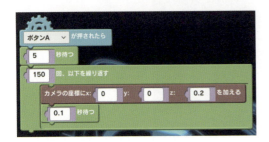

　このプログラムは「カメラの位置」を日本地図の南から北へ少しずつ動かすためのもので、ボタンAを押したときに実行されます。最初に5秒待つのは、VRメガネにスマートフォンを取り付けたりする時間が必要になるためです。必要に応じて長くするなどして調整してください。「"150"回、以下を繰り返す」の命令を使ってカメラを少しずつ画面奥の方向（日本地図の北方向）へ動かします。「カメラの座標」のz軸だけに値を加えているのは、日本地図の南北方向とz軸方向が同じになるためです（下図を参照）。

「"0.1"秒待つ」の命令は、カメラが動く速度を調整するためのものです。これを挿入しておかないと、あっという間に150回の繰り返しが終わってしまいます。

以上が、カメラに登録されているプログラムです。

日本地図のプログラム（1）

続いては、「japan_map」（日本地図）に登録されているプログラムを見ていきましょう。

日本地図のオブジェクトにも2つのプログラムが登録されています。最初のプログラムは「スタート」ボタンが押されたときに実行されるもので、以下の図のようになっています。

「スタート」ボタンが押されると、以前にこのミッションで描いた**グラフが全て削除されます**。「グラフの上にグラフを描く」というようなことが起きないように、この命令を最初に実行しておく必要があります。

日本地図のプログラム（2）

「japan_map」に登録されている2番目のプログラムは、以下の図のようになっています。

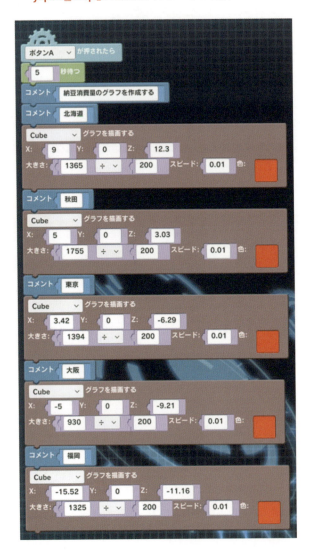

このプログラムは、ボタンAが押されたときに実行されます。カメラのプログラムと同様に、VRメガネを準備するために「"5"秒待つ」の命令が挿入されています。その後、北海道、秋田、東京、大阪、福岡の5地点にグラフを描きます。5つのグラフを描くために使われている命令はどれも同じです。詳しく見ていきましょう。

ここでは、北海道を例にして説明していきます。「コメント" "」の命令は、以降に続くプログラムの説明を記述するもので、プログラムを作った人（自分）が後からプログラムを見直したり、他の人にプログラムを見せたりするときに、プログラムの内容を把握しやすくする

ために利用します。「簡単な説明文」を付け加えることができる命令、と考えるとわかりやすいでしょう。プログラムの見た目をわかりやすくするための命令なので、この命令を実行しても何かが起こるわけではありません。

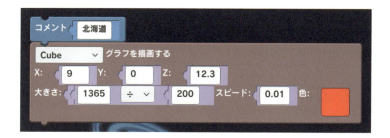

次の命令はグラフを描く（描画する）ためのものです。「"Cube／Cylinder"」の部分でグラフの形状を指定します。"Cube"は四角柱、"Cylinder"は円柱のグラフとなります。

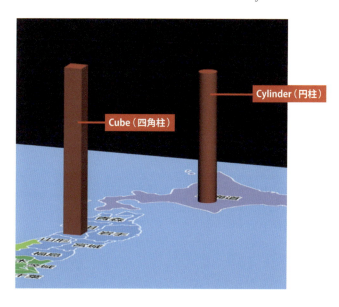

「x："" y："" z：""」の部分で**グラフを描く位置（座標）**を指定します。たとえば、北海道の場合、その座標は（x：9　y：0　z：12.3）となります。日本地図上で座標を調べる方法は次のミッション（ラボ3-②）で詳しく紹介します。

「**大きさ**」の部分には、**0〜10の値**に収まるように**グラフの大きさ（高さ）**を指定します。ここでは（1365÷200）の計算結果、つまり6.825が「グラフの大きさ」になります。

「**スピード**」の部分では、**グラフを描く速さ**を指定します。ここで指定している"0.01"は、かなり遅めのスピードになります。

最後に「**色**」の□を押すと、次ページに示したような画面が表示されます。この画面で**グラフの色**を指定します。

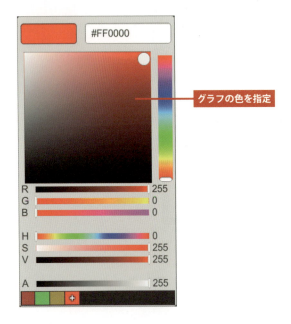

グラフの色を指定

　以上が、グラフを描く命令の説明です。この命令を使えば、好きな種類のグラフを、好きな場所に、指定した大きさ（高さ）/速さ/色で描くことができます。

　サンプルプログラムでは、この命令を使って、北海道、秋田、東京、大阪、福岡の地点にグラフを描いています。プログラムを実行してみるとわかりますが、「1つのグラフを描き終えると、次のグラフを描く」という仕組みにはなっていません。ほとんど同時に、全てのグラフが描き始められます。1つずつ順番にグラフを描きたい場合は、それぞれのグラフ描画命令の間に「"　"秒待つ」の命令を挿入して、時間調整を行う必要があります。

/// ミッション② ///
座標を調べてグラフを描いてみよう

　ラボ3-②を開いてみましょう。このラボには、あらかじめ2つのオブジェクトが用意されています。

- Camera（カメラ）
- japan_map（日本地図）

　これら2つのオブジェクトには何もプログラムが登録されていません。ミッション②では、ゼロから自分でグラフを描くプログラムの作成にチャレンジしてみましょう。

Pinを使った座標の調べ方

　グラフを描くには、まず「グラフを描く場所」の座標を知る必要があります。たとえば、北海道の位置に適当な大きさのグラフを描くには、北海道の座標（x, y, z）がどうなっているかを調べなければなりません。以下に、その方法を示します。

（1）地図上に配置できるオブジェクトを選ぶ

　座標を調べるときは「Pin」（ピン）のオブジェクトを利用するのが最適です。オブジェクトエリアにある「追加」ボタンを押し、「Pin」を追加します。

このオブジェクトを追加

すると、下図のように「x：0.00　y：0.00　z：0.00」の位置に「Pin」が追加されます。以下の日本地図からも確認できるように、この座標は佐渡島（新潟県）の少し上になります。

（2）Pin（ピン）を調べたい場所まで移動する

　画面表示を「全画面」に変更し、プログラムが停止中であることを確認します。続いて、画面左上にあるボタンが「移動」になっていることを確認します。「移動」以外のボタンが表示されている場合は、表示が「移動」になるまで何回かボタンを押してください。

　「Pin」（ピン）をタップすると、3つの矢印が表示されます。赤い矢印は左右（東西）方向、緑の矢印は上下（地面からの高さ）方向、青の矢印は奥行き（南北）方向にピンを動かすためのものです。赤と青の2つの矢印をドラッグしてピンを北海道まで動かしてください。

（3）Pin（ピン）の座標を調べる

目的の場所までピンを移動できたら「小画面」に切り替え、オブジェクトエリアで「Pin」の詳細情報を調べます。

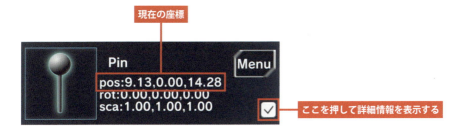

「pos」の項目に表示された数値を見ると、北海道の座標は「x：9.13　y：0.00　z：14.28」になることがわかります。いくつもの場所について座標を調べるときは、「Pin」を次々と移動させて各地点の座標を調べていきます。座標を調べたら必ずメモしておきましょう。

これで、グラフを描く場所の座標を調べることができました。

グラフを描画するプログラムの作成

続いては、ミッション①で覚えた「グラフ描画命令」を使ってグラフを描いてみましょう。先ほど調べた座標（北海道）にグラフを描いてみます。

グラフを描くプログラムは「japan_map」（日本地図）の背景に作成します。

グラフを描画する命令は、ミッション①でも説明した下図の命令となります。

この命令に必要な情報を以下のように指定します。

- グラフの種類 ………… Cube（四角柱）
- 座標（北海道）……… x：9.13　y：0.00　z：14.28
- 大きさ ………………… 10（0〜10の値）
- スピード ……………… 0.01（ゆっくり）
- 色 ……………………… 赤

これらをすべて指定すると、以下の図のようになります。

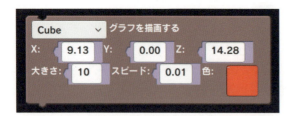

プログラム全体は、以下の図のようになります。

　ボタンAが押されたら、すでに描画されているグラフを全て削除します。この命令を忘れると、「以前に描いたグラフの上に新しいグラフが描画される」という状況になってしまいます。グラフを描くプログラムを作るときは、初めに「グラフを全て削除する」の命令を挿入しておくのを忘れないようにしてください。

　このプログラムを実行すると、次ページに示した図のようにグラフが描画されるのを確認できます。

　グラフを描くときに基本となるのは、「グラフを描く場所の座標を調べる方法」と「グラフを描く命令の使い方」です。よく理解できたら、次のようなグラフを描画できるか実際に試してみましょう。なお、グラフの種類／スピード／色は、各自で自由に決めてください。

- 愛知県に大きさ2のグラフを描く
- 京都府に大きさ4のグラフを描く
- 沖縄県に大きさ7のグラフを描く

ラボ3　3Dで日本を知ろう！

//// ミッション③ ////

日本地図にグラフを描こう

　ミッション③では、実際のデータを使ってグラフを描画する方法を学習します。まずは、このミッションで使用するデータを紹介します。

グラフの作成に使用するデータ

　以下の表は、各県のインスタントラーメン消費量を示したデータです。このデータは、県内の各家庭が「1年間に消費するインスタントラーメンの平均重量」を示しています。たとえば青森県の場合、県内の各家庭が1年間に平均9,227gのインスタントラーメンを食べている、ということになります。

都道府県	ラーメン消費量（単位：グラム）
青森県	9,227
鳥取県	8,164
新潟県	7,742
富山県	7,634
山形県	7,523
高知県	6,950
宮城県	6,711
秋田県	6,679
福島県	6,620
佐賀県	6,560

（出典：総務省家計調査）

　このデータをMind Renderに読み込んで、グラフを描画してみましょう。

154

データを0〜10の範囲に変換してグラフを描画する

　ここでは例として、青森県、富山県、佐賀県の3つのデータを使ってグラフの作成手順を示していきます。ラボ3-③を開いてください。

　まずは、3つの県の座標をミッション②で学んだ方法で調べてみましょう。以下は、それぞれの県のおおよそ中央位置の座標です。この座標データを使っても構いませんし、自分で座標を調べても構いません。

◆ **青森県**
　　x：5.63　y：0　z：6.32

◆ **富山県**
　　x：-1.52　y：0　z：-4.26

◆ **佐賀県**
　　x：-16.21　y：0　z：-12.12

　この座標とラーメン消費量のデータを使ってグラフを描いてみます。ミッション②で学んだプログラムを参考にすれば難しくはありません。

このプログラムで使っている「**コメント命令**」は、ミッション①でも使用したものと同じです。自分でプログラムを見直したり、他の人にプログラムを見せたりするときに、プログラムの内容を把握しやすくするために「簡単な説明文」を付け加えておくとよいでしょう。

　グラフを描画するときは、「グラフの大きさ」が**0〜10の範囲**（グラフ描画の最小値〜最大値）になるように「実際のデータ」を変換しておく必要があります。ここでは、各データを1,000で割ってみました。

- 青森県 ……… 9,227 ÷ 1,000 = 9.227
- 富山県 ……… 7,634 ÷ 1,000 = 7.634
- 佐賀県 ……… 6,560 ÷ 1,000 = 6.560

　いずれも0〜10の範囲に収まっているので、これで大丈夫です。プログラムを実行すると以下の図のようになります。

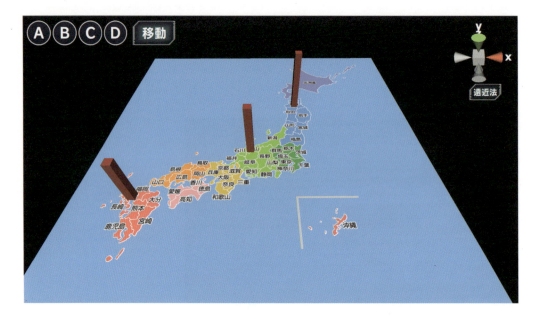

　プログラムの動作を確認できたら、今度はP154に示したインスタントラーメン消費量のデータを使って、他の県についてもグラフを描いてみましょう。

ミッション④
データを読み込んでいくつものグラフを描こう

　グラフをたくさん描きたい場合は、データをいったん整理してプログラムの中に格納しておくと便利です。このミッションでは、リストを使ってグラフを描く方法を紹介します。

変数とリストの違い

　Mind Renderには「リスト」と呼ばれる機能が用意されています。リストは複数のデータを格納できる容器のようなものです。同じ容器として使えるものに「変数」があります。下図に変数とリストの違いについて図で示しておきます。

変数の例
格納できるデータは1つだけ

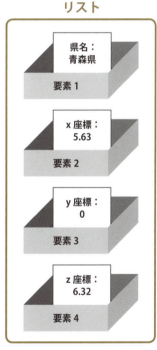

リストの例
複数のデータを格納できる

　上図に示したように、リストの場合はデータを格納する部屋（要素と呼びます）をいくつも持つことができます。データを呼び出すときは、「どのリスト」の「何番目の要素」かを指定します。上図に示した例の場合、リストの「4番目の要素」を呼び出せと命令すると、青森県のz座標を得ることができます。

リストを使うと「なぜ便利になるのか？」は、中に入れるデータをよく見るとわかります。たとえば、日本地図上にある各県の座標について見てみましょう。

　　青森：5.63, 0, 6.32
　　鳥取：-11.53, 0, -8.30
　　新潟：1.83, 0, -3.10
　　富山：-1.52, 0, -4.26
　　山形：4.52, 0, -0.28

　いずれも、（県名）：（x座標），（y座標），（z座標）という型になっています。この型に対応する容器（リスト）を用意しておけば、たくさんのデータを読み込んだときも、「どのリスト（県名）のどのデータ（x座標など）を見たい」と指定するだけで、すぐに呼び出すことができます。

　もしも、リストがない場合は、

　県名、x座標、y座標、z座標、県名、x座標、y座標、z座標、県名、x座標、……

という形のデータになってしまい、欲しいデータを呼び出すのが難しくなってしまいます。リストはたくさんのデータを扱うときに必須の機能であるといえます。

リストの作成

　それでは、ミッション③で使ったラーメン消費量データを実際にリストに格納してみましょう。まずはリストを用意します。ラーメン消費量の表（P154参照）には10個のデータがあります。よって、リストも10個必要となります。各リストの区別がつくように、リスト名には「1」〜「10」という名前を付けることにします。

　次ページに、リストを作るときの操作手順を示します。カテゴリーエリア（基本画面）で「変数／表示」ボタンを押します。すると「変数設定」ボタンが表示されるので、このボタンを押して変数の設定画面を表示します。

　変数の設定画面は、以下の図のようになっています。下側にある**「リスト」**の部分にリスト名を入力して**「リスト追加」ボタン**を押すと、新しいリストを作成できます。同様の手順を繰り返して、「1」、「2」、「3」……「10」という名前で10個のリストを作ります。下図サンプルではすでに10件目までできていますが、自分で11件目、12件目、……を作ってみましょう。

　10個のリストを正しく作成できたかどうかは、下図のようにドロップダウンメニューを押すと確認できます。

10個のリストは、それぞれ以下のように各県に対応していると考えます。

リスト名	対応する県
1	青森県
2	鳥取県
3	新潟県
4	富山県
5	山形県
6	高知県
7	宮城県
8	秋田県
9	福島県
10	佐賀県

また、各リストには次のようにデータを格納することにします。

リストにデータを格納するときは、下図の命令を使います。この命令は、カテゴリーエリア（応用）の「**変数／表示**」に分類されています。

例として「1」のリストに青森県のデータ（x座標、y座標、z座標、ラーメン消費量）を格納してみましょう。このプログラムは、以下の図のようになります。

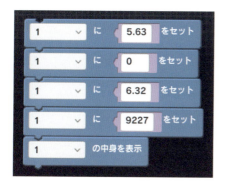

このプログラムの一番下にある「**"　"の中身を表示**」という命令を使うと、リストの各要素に格納したデータを画面上で確認することができます。リストの中身は下図のように表示されます。

なお、いちどリストに格納したデータは、削除しないかぎりリストの中にとどまり続けることに注意してください。新しいデータを格納しなおすときは、先にリストのデータを削除してから、データを格納する必要があります。これをプログラムで示すと、以下の図のようになります。

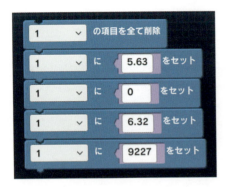

　このような手順で「1」から「10」のリストに各県のデータを格納していきます。各県の座標データとラーメン消費量を以下にまとめておきます。

県名	リスト名	x座標	y座標	z座標	ラーメン消費量
青森	1	5.63	0	6.32	9,227
鳥取	2	-11.53	0	-8.30	8,164
新潟	3	1.83	0	-3.10	7,742
富山	4	-1.52	0	-4.26	7,634
山形	5	4.52	0	-0.28	7,523
高知	6	-9.61	0	-11.83	6,950
宮城	7	6.22	0	-0.10	6,711
秋田	8	4.90	0	3.34	6,679
福島	9	5.26	0	-2.69	6,620
佐賀	10	-16.21	0	-12.12	6,560

　全てのデータを格納するプログラムは、たいへん長いものになります。次ページに示した図は、ラボ3-④のサンプルプログラムです。上に示した表の全データを、「1」〜「10」のリストに格納するプログラムとなります。

ラボ3-④　データを読み込んでいくつものグラフを描こう

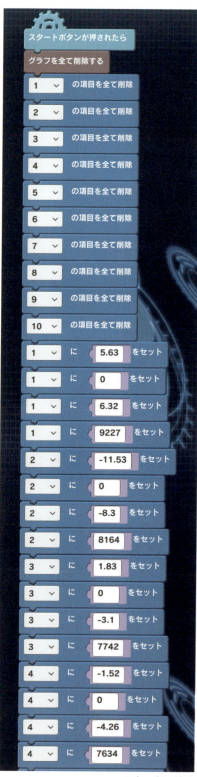

※右の段へ続く

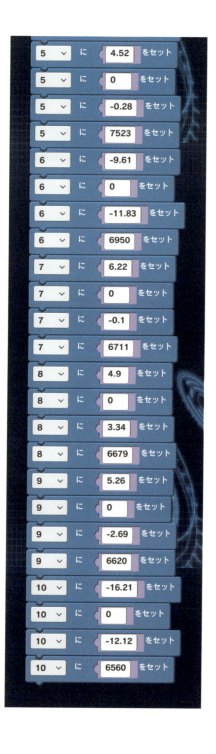

リストを使ったグラフの描画

リストに格納したデータを呼び出すときは次の命令を使います。

「"どのリスト"の"何番目"のデータが必要か？」を指定して取得します。それでは、取得したデータを使ってグラフを描いていきましょう。以下の図は、「1」のリスト（青森県）を使ってグラフを描く命令です。

- x座標 ………… リスト「1」の1番目のデータ
- y座標 ………… リスト「1」の2番目のデータ
- z座標 ………… リスト「1」の3番目のデータ
- 大きさ ………… リスト「1」の4番目のデータ（ラーメン消費量）

というように、グラフの描画命令に「必要なデータ」をリストから呼び出して利用します。

ラボ3-④には、「1」～「10」の全てのリストを使って日本地図上に10個のグラフを描くサンプルプログラムが用意されています。このプログラムは、次ページに示した図のようになっています。プログラムを「スタート」してボタンAを押すと、下図のように10個のグラフが描画されます。

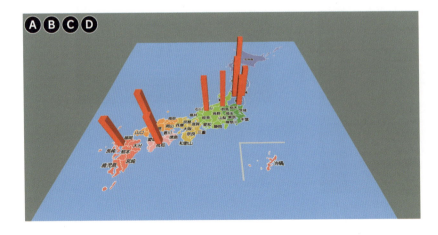

ラボ3−④　データを読み込んでいくつものグラフを描こう

　以下はラーメン消費量の11番、12番、13番となります。これを自分でプログラムに付け加えてみてください。11番　北海道　6,536g、12番　大分県　6,484g、13番　徳島県　6,472g。
　インターネットや図書館にある資料集には、日本全国の興味深い県別データがたくさん掲載されています。各自で見つけたデータを使ってグラフを描いてみましょう。

ラボ3 3Dで日本を知ろう！

//// ミッション⑤ ////

世界地図にグラフを描こう

　ミッション⑤では、これまでに学んだ方法を使って世界地図にグラフを描いてみます。ラボ3-⑤を開いてみましょう。このラボには2つのオブジェクトが用意されています。

　　・Camera（カメラ）
　　・WorldMap（世界地図）

　どちらもプログラムは登録されていません。プログラムは自分で作成していきます。

グラフの基になるデータを探す

　まずは、グラフの基になるデータを探しましょう。たとえば、総務省のホームページを見ると、世界の国別データを数多く発見することができます。

http://www.stat.go.jp/data/sekai/notes.html

　ここでは「2050年の世界人口の予測データ」を取り上げてみましょう。主な国のデータを以下に示します。単位は1,000人です。

国名	人口
アメリカ	389,592
イギリス	75,381
ロシア	132,731
南アフリカ	72,755
日本	101,923

（出典：世界の統計2018、総務省統計局）

データを0～10の範囲に変換する

　グラフの描画命令では、「**グラフの大きさ**」を**0～10の値で指定する**ので、各国のデータがこの範囲内に収まるように変換しておく必要があります。ここでは、人口データを50,000で割ってみます。

- アメリカ ……………………… $389{,}592 \div 50{,}000 = 7.791\cdots$
- イギリス ……………………… $75{,}381 \div 50{,}000 = 1.507\cdots$
- ロシア …………………………… $132{,}731 \div 50{,}000 = 2.654\cdots$
- 南アフリカ …………………… $72{,}755 \div 50{,}000 = 1.455\cdots$
- 日本 ……………………………… $101{,}923 \div 50{,}000 = 2.038\cdots$

いずれも範囲内に収まったようです。

各国の座標を調べてグラフを描く

　続いては、これらの国の**座標**を調べます。これはミッション②で学んだ方法と同じです。各国のおおよそ中央の座標を調べると、以下の表のようになります。各自でも調べてみてください。

国名	x座標	y座標	z座標
アメリカ	–21.49	0.00	3.43
イギリス	–0.31	0.00	3.43
ロシア	20.03	0.00	10.59
南アフリカ	5.13	0.00	–11.57
日本	29.68	0.00	2.81

　これらのデータを基に**グラフを描画するプログラム**を作ると、次ページに示した図のようになります。リストを使ったプログラムにも挑戦してみましょう。

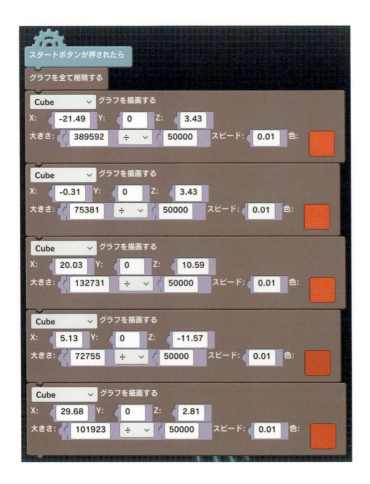

このプログラムを実行した結果は、以下の図のようになります。

自分でも世界各国のいろいろなデータを探してみて、Mind Renderでグラフを描いてみましょう。

大砲を撃ってみよう！

- **ミッション①**：サンプルプログラムを使って標的を撃ってみよう
- **ミッション②**：3つの標的を狙って撃ってみよう
- **ミッション③**：横風を考えながら標的を狙おう
- **ミッション④**：VRで楽しんでみよう
- **ミッション⑤**：壁を飛び越えて標的を狙おう

はじめに

　この実験室では、大砲を使っていろいろな実験を行います。標的の数を３つに増やす、風の影響を与える、障害物となる壁を設置する、といった具合に難易度を変化させながら砲弾を標的に命中させるプログラムを作成してみましょう。もちろん、砲弾が飛んでいく様子をVRで楽しむことも可能です。

◆ このラボのミッション

　ラボ４「大砲を撃ってみよう！」には５つのミッションが用意されています。

ミッション①：サンプルプログラムを使って標的を撃ってみよう

あらかじめ登録されているサンプルプログラムの数値を調整し、砲弾を標的（黄色い車）に当ててみましょう。

ミッション②：３つの標的を狙って撃ってみよう

標的を増やして、３つの標的に砲弾を当ててみましょう。砲弾の軌道を変えたり、命中時のエフェクトを変更したりする実験にも挑戦してみてください。

ミッション③：横風を考えながら標的を狙おう

横風が吹くエリアを追加します。横風が吹く状況の中、砲弾を標的に命中させるにはどうすればよいか？　楽しみながら考えてみましょう。

ミッション④：VRで楽しんでみよう

砲弾が飛んでいく様子をVRで楽しんでみましょう。カメラを設置する位置を変更すると、砲弾が飛んでいく様子をさまざまな場所から観察できます。

ミッション⑤：壁を飛び越えて標的を狙おう

砲弾の前にある壁を飛び越えて標的に命中させてみましょう。命中させるための軌道はいくつもあります。自分でいろいろと工夫してみてください。

ミッション① サンプルプログラムを使って標的を撃ってみよう

「実験室」を開いて、ラボ4「大砲を撃ってみよう」の①を押し、さっそく始めてみましょう。

　タブレットを使用している場合は「全画面」に切り替えてから指で画面を動かすと、下図のような俯瞰図を見ることができます。赤土のような大地の風景に「大砲」と「標的」（黄色い車）が見えます。大砲と標的は、下図に示した場所にあります。

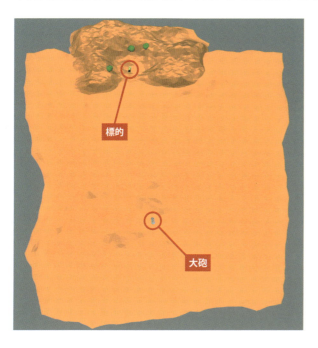

試しに大砲を撃ってみる

　まずは、大砲を撃って、砲弾がどのような軌道で飛んでいくかを見てみましょう。「全画面」に切り替えて「スタート」ボタンを押します。ボタンAを押すと砲弾が砲台にセットされ、発射に必要な準備が完了します。

　ボタンBを押すと、砲弾が発射されます。

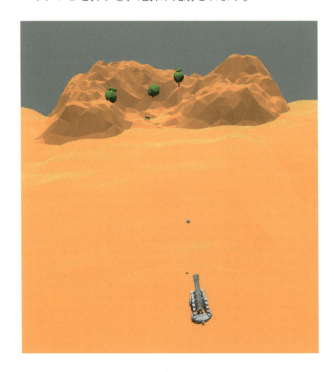

「標的」となる「黄色い車」は砂丘のふもとに置かれています。ただし、サンプルプログラムのままでは、砲弾は車に命中しません。以降の説明をよく読み、命中するようにプログラムを直していきましょう。

用意されているオブジェクト

ラボ4-①のサンプルプログラムを見ていきましょう。サンプルプログラムには7個のオブジェクトが用意されています。プログラムは、それぞれのオブジェクトに分けて登録されています。

- Camera（カメラ）
- CannonBg（背景となっている砂丘）
- Cannon（砲身）
- CannonBase（砲台）
- CannonBall（砲弾）
- Target（標的の車）
- Explosion（爆発効果）

「カメラ」に登録されているプログラム

「Camera」（カメラ）に登録されているプログラムから順番に見ていきましょう。カメラには2つのプログラムが登録されています。1つ目はボタンAを押したときに実行されるプログラム、もう1つはボタンBを押したときに実行されるプログラムです。

ボタンAを押したときに実行されるプログラムは、以下の図のようになっています。

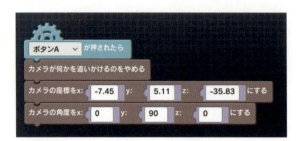

ボタンAが押されると、カメラは（x：-7.45　y：5.11　z：-35.83）の座標に固定されます。**「カメラが何かを追いかけるのをやめる」**の命令で固定カメラとなります。2番目の命令で座標を指定し、3番目の命令でカメラの角度を指定しています。

この座標の位置は「砲台のすぐ横」になります。ただし、カメラを「砲台の横」においても砲台の方へ向けていなければ、砲台の姿をとらえることはできません。カメラを向ける方向は、**「カメラの角度をx：" "　y：" "　z：" "にする」**の命令で指定します。

人間が地面の上に立って頭の向きを変えると、東西南北の四方を見ることができます。このように、カメラの向きを東西南北で変えるにはy軸に対して角度を指定します。

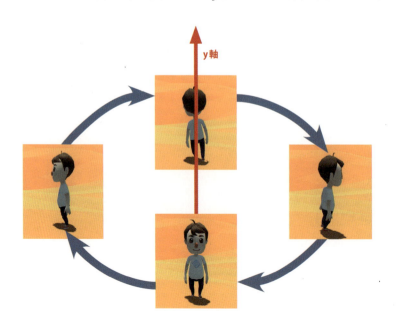

カメラの角度をy：90にすると、カメラは砲台の方を向きます。カメラと砲台の位置の関係は、以下の図を参考にすると理解しやすくなります。「少年」のところにカメラがあると思ってください。砲台の方を向くのは、カメラの角度がy：90のとき、ということがわかります。

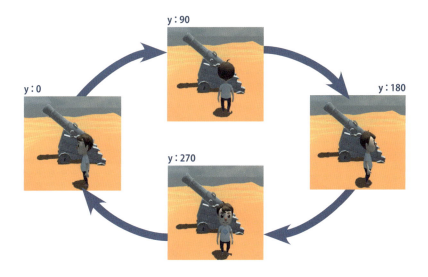

　続いて、ボタンBを押したときに実行されるプログラムを見ていきましょう。

　ボタンBが押されると、カメラは「CannonBall」（砲弾）を追いかけるように指定されます。砲弾が飛んでいくと、それを追いかけてカメラも一緒に飛んでいきます。
　「カメラが追いかける際、オブジェクトの回転も追尾するのを"on/off"にする」はoffになっています。この命令は、追いかける対象（この場合は砲弾）が動きながら回転する場合に、それに合わせて「カメラの向きも回転させるか？」を決めるためのものです。一緒に回転（on）を指定すると、対象はいつも同じ角度で見えるようになり、周囲の風景が回って見えます。一緒に回転しない（off）を指定すると、対象は回転して見えますが、周囲の風景は回転しません。全体の様子を観察したいときは一緒に回転しない方が都合がよいので、今回の例ではoffを指定します。

背景の「砂丘」に登録されているプログラム

　続いては、「CannonBg」(背景となっている砂丘)に登録されているプログラムを見ていきます。このプログラムでは、砂丘の摩擦係数を指定しています。

　摩擦係数は、砲弾が砂地に着弾したとき、「どのくらい滑りやすいか?」を決めるのに使います。たとえば摩擦係数を0にすると、摩擦は全くなくなり、とても滑りやすい状態になります。この場合、砂丘に置かれたものは、ちょっとした下り坂でもすべり落ち、小さな力で押されても動き続けることになります。リアルなシミュレーションをしたいときは、ある程度の摩擦があった方が現実らしく見えます。そのため、ここでは0.6という摩擦係数を指定しています。

「砲身」と「砲台」の設定

　「Cannon」(砲身)と「CannonBase」(砲台)は、実験をリアルに見せるために用意されたものです。見かけは本物のように見えますが、細かいところまで本物と同じように作られているわけではありません。砲弾を飛ばす方向、強さは砲弾自身に設定します。
　砲身は常に固定されていて、位置や角度をプログラム上では調整できません。ただし、砲弾を撃ち出す場合は、砲弾の位置と角度を砲身の位置と角度に合わせておく必要があります(砲弾の初期設定)。また、それに合わせて「CannonBase」(砲台)の位置も調整しておきます。

「砲弾」に登録されているプログラム

「CannonBall」（砲弾）のオブジェクトには3つのプログラムが登録されています。

- ボタンAのプログラム
- ボタンBのプログラム
- 目標に命中したときのプログラム

ボタンAのプログラムから見ていきましょう。

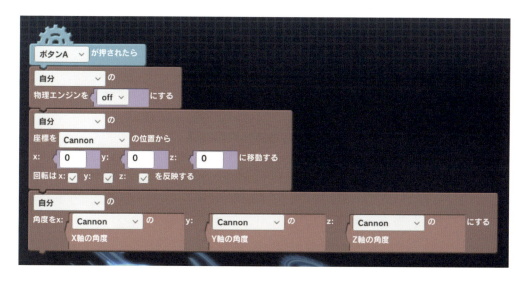

ボタンAが押されると、砲弾を砲身にセットします。砲身はリアルに見えますが、本物のようにはできていません。砲弾は自分で空中にとどまっている必要があります（そうしなければ地面に落ちてしまいます）。そこで、砲弾を発射するまでは物理法則が適用されないように、1番目の命令で**物理エンジン**をoffにしています。

物理エンジンとは？

　Mind Renderに備えられている仕組みで、3次元ワールドにある全てのものを（可能な範囲で）現実世界の物理法則に従わせる機能です。物理エンジンをonにすると、衝突や落下、摩擦などの動作が現実世界と同じように再現されます。

次は、ボタンBのプログラムです。こちらは砲弾を発射するプログラムで、以下の図のようになります。

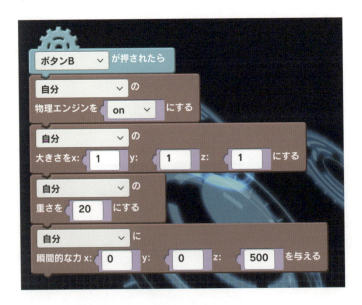

ボタンBが押されると、砲弾を発射します。本物の大砲では火薬の爆発によって砲弾を飛ばしますが、このプログラムでは「瞬間的な力を加える命令」が火薬の代わりになります。

1番目の命令は「"自分"の物理エンジンをonにする」です。ボタンAのプログラムでoffにした物理エンジンを、ここでonにしています。これはなぜでしょう？ 物理エンジンがoffのままでは、瞬間的な力を加えても砲弾は飛び出しません。物理法則に従っていない場合は、外から力が加わっても影響を受けないからです。

説明が前後しますが、ボタンAのプログラムで砲弾（自分）の角度を「Cannon」（砲身）と同じにしました。砲弾は球の形をしているので「どちらを向いているか？」がわかりにくいのですが、他のオブジェクトと同じように向きを変えることが可能です。

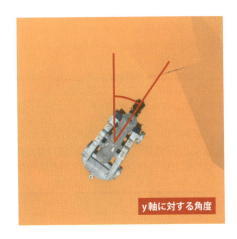

2番目と3番目の命令で、自分（砲弾）の「**大きさ**」と「**重さ**」を指定します。「大きさ」は、砲身に収まるサイズにしてあります。試しに、x、y、zに10を指定してみると、以下の図のように砲弾が砲身からはみ出してしまいます。

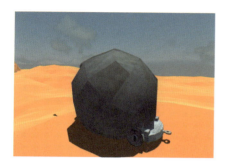

　自分（砲弾）の「重さ」を変えることもできます。同じ力で押し出すのであれば、砲弾が軽くなればなるほど遠くまで飛んでいきます。反対に重くなれば、それだけ遠くまで飛ばなくなります。実際に重さの値を変えて、いろいろと実験してみましょう。

　最後の命令は「**"自分"に瞬間的な力 x:" " y:" " z:" "を与える**」です。この命令により、瞬間的な力を加えることができます。何かがぶつかったときは瞬間的に力が加わりますが、この命令によって同じようなことが起こります。

　ここでは、z軸方向だけに力を加えています。**z軸は砲身の向いている方向**となります。以下の図のように、砲身の向きであるz軸方向に力を加えると、砲弾もz軸方向に飛んでいきます。

「CannonBall」（砲弾）の3番目のプログラムは、以下の図のようになります。

このプログラムは、**砲弾が車に命中したときの効果**として「爆発エフェクト」を加えるためのものです。このプログラムが実行されるのは、自分（砲弾）が標的の車（Target）に命中したときです。これは**「砲弾と車が接触したとき」**と言い換えることもできます。

エフェクト（効果）には「Explosion」（爆発）を指定していますが、他のエフェクトも試してみるとよいでしょう。エフェクトを使うときは、以下の2つのことを指定します。

（1）使用するエフェクトを選択する

オブジェクト画面の**「エフェクト」タブ**には、いろいろな種類のエフェクトが用意されています。以下の手順で効果を確認して、使いたいものを選択します。サンプルプログラムでは「Explosion」（爆発）を使っています。

（2）エフェクトをどこで再生するかを指定する

　サンプルプログラムでは、自分（砲弾）の位置でエフェクトを再生するように指定しています。ドロップダウンメニューに表示されるオブジェクトを選択して、他の場所でエフェクトを実行することもできます。以下の図は、「Target」（車）の場所でエフェクトを再生するようにしたものです。どんな違いがあるか自分で確かめてみてください。

「標的の車」に登録されているプログラム

　「Target」（標的の車）のオブジェクトには、ボタンAを押したときに実行されるプログラムが1つ登録されています。内容を見ていきましょう。

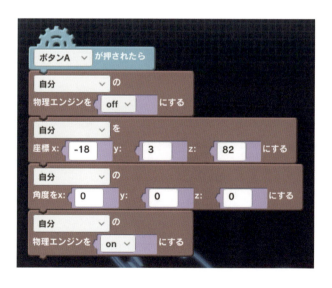

　ボタンAが押されたら標的を所定の場所に置きます。所定の場所は「砂丘のふもと」で、その座標は以下のようになります。

　　x：-18　y：3　z：82

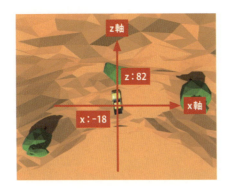

　最初に、**物理エンジンをoff**にして車を動かします。所定の座標に到着したところで**物理エンジンをon**にし、その場所で車が地面に落ちます。その結果、実際に車が静止している場所は、先ほど示した座標より上下方向（y軸方向）に少しだけ下となります。この命令でyの値を3より大きくしてみると、車が落ちてくる様子が見やすくなります。オブジェクトをある場所にセットするときには物理エンジンをoffにします。物理エンジンをonにした瞬間に物理運動が始まるため、この場合には車が落下します。

　標的の車の位置と角度は変化していきます。まず、物理エンジンoffの状態、次に物理エンジンonにしたときの状態、そして実際に砲弾が当たったときの状態です。変化の様子を確認してみてください。

　以上が、ミッション①のプログラムです。ただし、冒頭でも説明したように、このままでは砲弾は車に命中しません。以下の項目について「**CannonBall**」（砲弾）のプログラムの値を変更し、砲弾が標的に命中するまで試してみましょう。

- ・瞬間的にz方向に与える力　　・砲弾の大きさ　　・砲弾の重さ

※ヒント：最初は砲弾の「大きさ」や「重さ」を変えずに、「瞬間的に与える力」だけを変化させます。

ミッション②
3つの標的を狙って撃ってみよう

続いては、ラボ4「大砲を撃ってみよう」の②を開いてみましょう。ミッション①との違いは、標的となる車が3台に増えていることです。3台の標的を狙って撃つためのプログラムを作りましょう。

大砲を撃って3つの標的に当てる

このミッションでは、砂丘の左側、中央、右側にそれぞれ1台ずつ、計3台の標的（黄色い車）が置かれています。

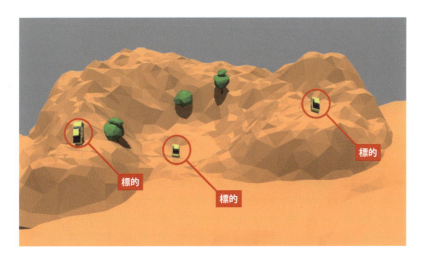

まずは、サンプルプログラムを実行してみましょう。このサンプルプログラムにおける各ボタンの動作は、それぞれ以下のようになります。

- ボタンAを押すと、**砲弾を砲台へセット**する（ミッション①と同じ）
  ※砲弾の座標と角度を初期化するために必要です。
- ボタンBを押すと、**中央の標的**へ向けて砲弾を発射
- ボタンCを押すと、**左側の標的**へ向けて砲弾を発射
- ボタンDを押すと、**右側の標的**へ向けて砲弾を発射

操作のポイントは、発射する度にボタンAを押して砲弾をセットし、それから次の標的を狙うことです。

◆ミッション②　サンプルプログラムの操作例

以下の図は、ボタンCを押して「左側の標的」に命中させた様子です。

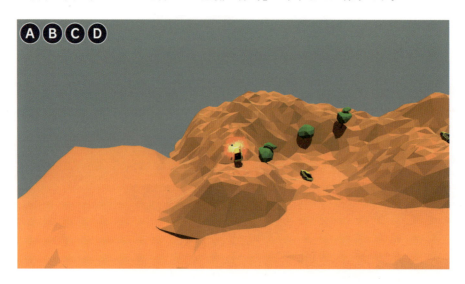

それでは、ラボ4-②のサンプルプログラムを見ていきましょう。

「砲弾」に登録されているプログラム

「CannonBall」（砲弾）のオブジェクトには、以降に示す7つのプログラムが登録されています。

まずは、ボタンB、C、Dを押したときに実行されるプログラムを紹介します。ミッション①で説明したプログラム（中央の標的を狙うプログラム）を参考に、「瞬間的に加える力」（x方向、y方向、z方向）を少しずつ調整することで3つの標的に命中させます。

たとえば「左側の標的」を狙うプログラムでは、x方向にマイナスの力（左方向）を加えることで、砲弾を左に向けます。また、「左側の標的」は「中央の標的」よりも高い位置にあるため、y方向とz方向に加える力も大きくしています。

「右側の標的」を狙うプログラムでは、x方向にプラスの値を設定し、砲弾が右へ飛んでいくようにしています。y方向に加える力は、「左側の標的」よりもさらに大きな値を指定しています。

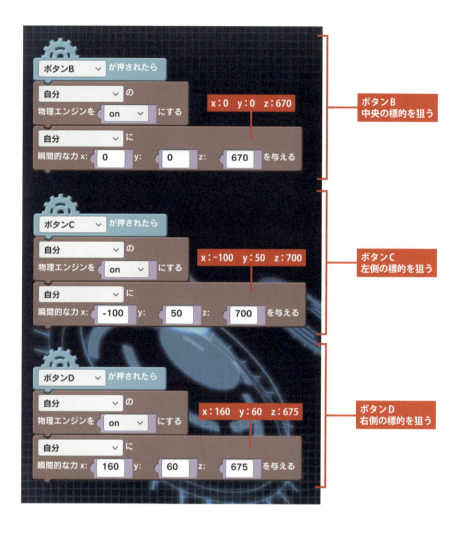

続いては、標的に命中したときに実行されるプログラムです。「CannonBall」（砲弾）のオブジェクトには、「中央の標的」だけでなく、「右側の標的」や「左側の標的」に命中したときに**エフェクト**を実行するプログラムも追加されています。

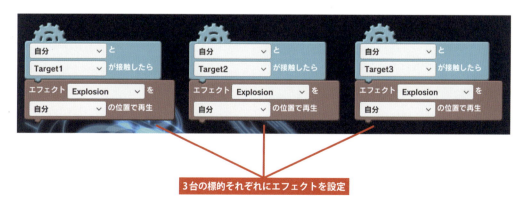

3台の標的それぞれにエフェクトを設定

砲弾を砲身にセットするプログラム（ボタンA）では、砲弾の初期設定を行います。ここでは、位置と角度だけでなく、大きさと重さも初期化します。

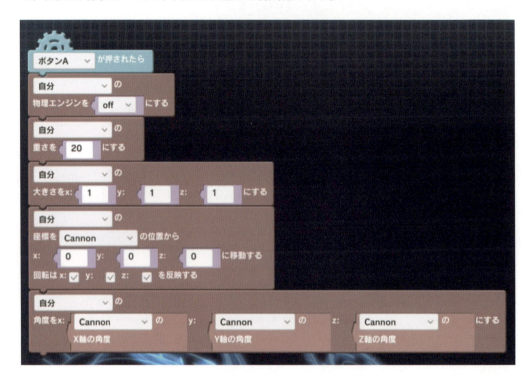

「標的の車」に登録されているプログラム

　今回のミッションでは、「Target1」、「Target2」、「Target3」の3つのオブジェクトが標的（車）になります。
　どのオブジェクトにもプログラムが1つずつ登録されています。いずれもボタンAを押したときに「所定の場所」に車を置くためのプログラムです。3台の車は、砂丘の中央／左側／右側に配置するため、各プログラムで「車を置く場所」の座標が異なります。それ以外は、ミッション①で紹介したプログラムと同じです。

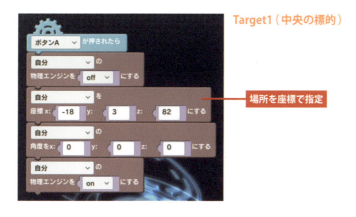

Target1（中央の標的）
場所を座標で指定

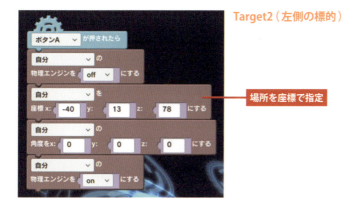

Target2（左側の標的）
場所を座標で指定

Target3（右側の標的）
場所を座標で指定

　以上が、このミッション（ラボ4-②）のサンプルプログラムとなります。3つの標的を狙い撃つ軌道は1つではありません。砲弾に「瞬間的に加える力」（x、y、z方向）を調整して、別の軌道で命中させることができないか試してみてください。
　また、標的に命中したときのエフェクトを他のものに変えてみるのも面白いと思います。命中したら音が鳴るなど、自分で工夫して、さらに面白くしてみましょう。

ミッション③
横風を考えながら標的を狙おう

　続いては、ラボ4「大砲を撃ってみよう」の③を開いてみましょう。ミッション①、②と同じ風景のように見えますが、このミッションでは砲弾が飛んで行く間に**横風が吹く**ようになっています。

　横風が吹く範囲はわかりやすいように色が付けられています。以下の図で「緑色の巨大な箱のようなエリア」が風が吹く範囲です。砲弾が発射されてこの中を通ると、横風が砲弾を押して軌道に影響を与えます。どんな力が働いて、どのような影響を受けるのかを調べないと、標的に命中させることはできません。

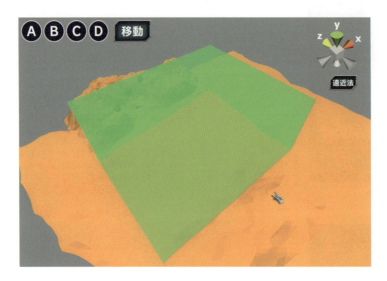

　さっそく、サンプルプログラムを見ていきましょう。

「風エリア」に登録されているプログラム

　このミッションで新たに追加された「**WindArea**」（風エリア）というオブジェクトのプログラムから見てみましょう。このオブジェクトは「**AreaCube**」というオブジェクトにプログラムを加えて名前を変更したものです。

風エリアのプログラムとその動作は、以下の図のようになります。

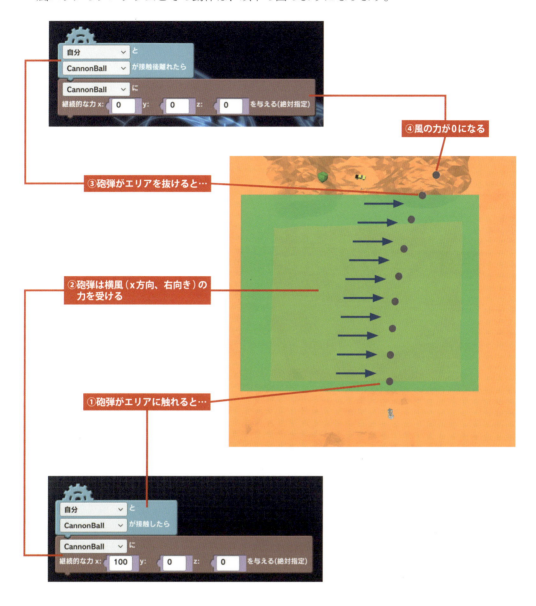

このプログラムでは、

- 砲弾が風エリアに触れると ……… 砲弾に対して**x軸方向に100の力**を与える
- 砲弾が風エリアから離れると ……… 砲弾に対して**x軸方向に0の力**を与える

という2つの動作が行われます。x軸方向（左右方向）の力を砲弾に加えると、砲弾が風に流されながら飛んでいくような状態になるので「風エリア」と呼んでいます。風エリアの中で砲弾にかかる力は「x軸方向に100」となることを覚えておいてください。

「砲弾」に登録されているプログラム

　風（x軸方向に加わる力）を考慮に入れて標的に命中させるには、砲弾の飛ぶ軌道を変える必要があります。そのためには、砲弾に**「瞬間的に加える力」**を調整しなければなりません。

　砲弾に加える力は、**「CannonBall」**（砲弾）のオブジェクトに登録されている「ボタンBのプログラム」で調整します。これはミッション①、②のときと同じです。

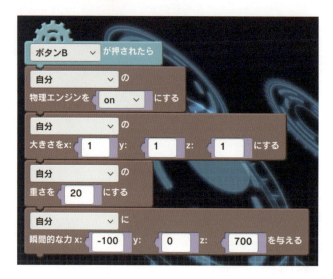

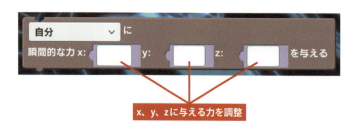

x、y、zに与える力を調整

　風エリアの中で砲弾に加わる力は「x軸方向に100」でした。x軸方向に100ということは、右向きに100の力が加わることになります。この影響を打ち消すには、左向きの力を砲弾に与えてやる必要があります。左向きの力とは、x軸方向にマイナスの力を与えることです。では、どれくらいの力を与えればよいのでしょうか？　風の力は100なので、-100の力を与えればよいのでしょうか？

試しに「x：-100　y：0　z：700」の力を砲弾に与えてみると、まだ砲弾は右にずれてしまいます。

　同じ大きさの力を与えているのに、なぜ風の力を打ち消すことができないのでしょうか？この理由は、砲弾を撃ち出す力が「瞬間的な力」であるのに対し、風の力は「継続的に加えられる力」となるためです。以下の図を参考にしながら考えてみてください。

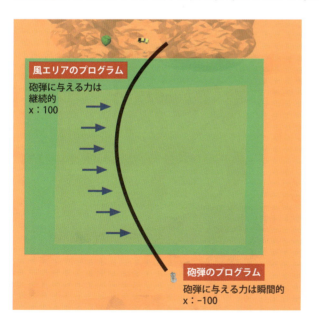

　砲弾に与える瞬間的な力（x軸方向）は、-100よりも大きな力にする必要がありそうです。-120や-150、-200、-300など、いろいろな値を試して、軌道がどのように変化するかを確かめてみてください。

風エリアは、サンプルプログラムのような横風だけでなく、設定を変えることでいろいろな風をシミュレーションすることができます。たとえば、

・砂嵐のように下から巻き上げる強い風
・台風のときのような強い向かい風
・一定時間で風向きが変わるきまぐれな風

などの風を吹かせることも可能です。
　一つの例として、下から巻き上げる風について考えてみましょう。以下の図のように下から風を受けるようにすると、砲弾の軌道は上向きになっていきます。

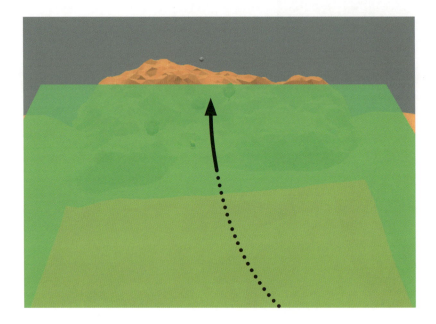

　風の向きを上向きにするには、「WindArea」（風エリア）のプログラムで「CannonBall」（砲弾）に与える力をy軸方向に大きくします。

　逆に、y軸方向にマイナスの力を与えると、上から下へ押さえつけるような風にすることができます。

では、向かい風はどうでしょうか？　以下の図のように、z軸方向にマイナスの力を与えることで向かい風にすることができます。

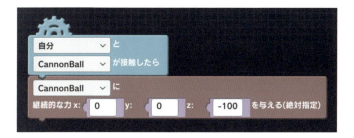

いろいろな風を自分で作ってみて、それでも「標的に命中させるにはどうすればよいか？」を考えてみましょう。

VRで楽しんでみよう

　続いては、ラボ4「大砲を撃ってみよう」の④を使ってVRを楽しんでみましょう。VRを楽しむための準備については、これまでの解説を参考にしてください。

　このラボではVRを楽しむ方法の一つとして、砲弾のすぐ近くにカメラを設置し、砲弾を追いかけてみます。自分が砲弾に乗って、大砲から標的まで飛んでいけたら面白そうですね。どうすればできるのか、サンプルプログラムを参考に調べていきましょう。

　では、ラボ4-④を開いてください。ラボ4-④では、以下の2つのオブジェクトについてサンプルプログラムを変更しています。

　　　・Camera（カメラ）
　　　・CannonBall（砲弾）

どこが変わっているのかを一つずつ見ていきましょう。

「カメラ」に登録されているプログラム

　「Camera」（カメラ）のプログラムでは、ボタンBが押されたときに実行されるプログラムに注目してください。プログラムの最後に「カメラの取り付け位置をx:"　" y:"　" z:"　"にする」という命令が加えられています。

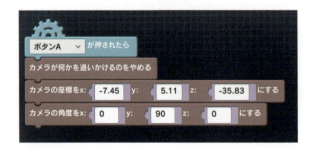

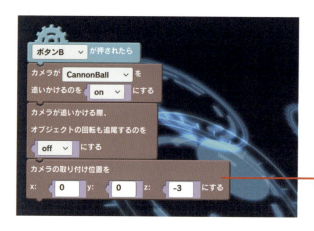

カメラの位置を指定する命令

　この命令は、カメラが何かを追いかけるときに、「追いかける対象」から見て「どのような位置にカメラを取り付けるか」を指定します。ボタンBのプログラムでは、1番目の命令で「**カメラが"CannonBall"を追いかけるのを"on"にする**」としてあります。よって、カメラは砲弾を追いかける設定になっています。

　さらに下図の命令により、カメラの取り付け位置は「**砲弾から見てz軸方向に−3**」（砲弾の進行方向に3だけ後ろ）という設定になっています。

　本当にそうなっているか確かめるには、どうしたらよいでしょうか？　以下の図は、ラボ4-④を「スタート」して、ボタンA→ボタンBと順に押したときの様子です。ボタンBを押した直後（砲弾の発射前）の状態となります。ここで「砲弾」と「カメラ」の位置（座標）を比べると、「**x座標：同じ、y座標：同じ、z座標：−3だけ後ろにカメラがある**」となっているはずです。

実際に「砲弾」と「カメラ」の位置を比べてみましょう。

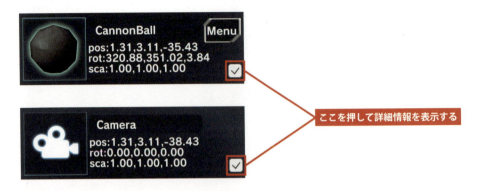

ここを押して詳細情報を表示する

	砲弾	カメラ	差
x座標	1.31	1.31	0
y座標	3.11	3.11	0
z座標	-35.43	-38.43	-3

　上の表を見るとわかるように、「砲弾」と「カメラ」はz軸の位置だけが変化しています。その差は-3です。x軸とy軸の差は0です。差が0とは、同じ位置にあることになります。z座標も差を0にすると、カメラは「砲弾の中心」に置かれることになります。

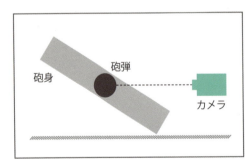

砲弾が砲身を飛び出す前

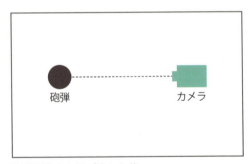

砲弾が砲身を飛び出した後

　各自でもカメラの取り付け位置（x、y、z）をいろいろと変えてみて、どんなふうに見えるか試してみてください。

「砲弾」に登録されているプログラム

次は、「CannonBall」（砲弾）のプログラムを見ていきましょう。

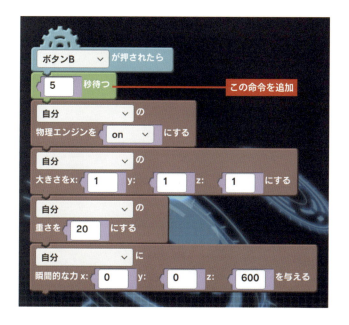

　新しく追加したのは「"5"秒待つ」の命令です。以前のラボでもそうしたように、VRを体験するときは、VRメガネを取り付けるための時間を確保しておく必要があります。時間が足りない場合は、この秒数を増やしてください。

　以上が、ラボ4-④のサンプルプログラムの説明です。カメラの取り付け位置を変える、エフェクトを変える、砲弾に与える力を変える、などしてVR体験を楽しんでください。たとえば、

- 真上に砲弾を撃ち上げて、カメラを下向きにする
- カメラを標的に取り付けて、砲弾が飛んでくるのを見る
- カメラを上空で固定して、砲弾が飛ぶ様子を上から見る

など、いろいろな設定を試してみてください。

カメラの設定を変えることで、面白い画像を撮ることができます。

ミッション⑤
壁を飛び越えて標的を狙おう

　ラボ4-⑤では、「砲台」と「標的」の間に**大きな壁**が登場します。この壁を超えて標的に命中させてみましょう。さっそく、ラボ4-⑤を開いてみてください。下の図のように大きな壁が見えます。

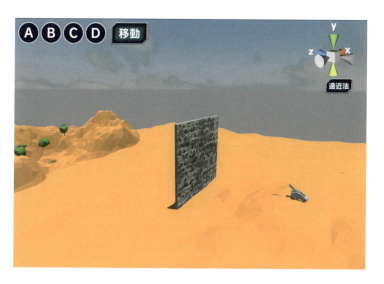

　この壁を超えて標的に命中させるには、これまでとは違う砲弾の軌道にしなければいけません。どのように砲弾の軌道を変えれば標的に命中させることができるのか、考えていきましょう。

「砲弾」に瞬間的に与える力の調整

ラボ4では、火薬の代わりに以下の命令を使って砲弾を飛ばしていました。今回も、この命令の**x軸方向、y軸方向、z軸方向に与える瞬間的な力**を調整して、砲弾の軌道を変えてみましょう。

まずは、「サンプルプログラムをそのまま実行するとどうなるか」を実験してみましょう。以下の図のように、砲弾は壁にぶつかっていまいます。

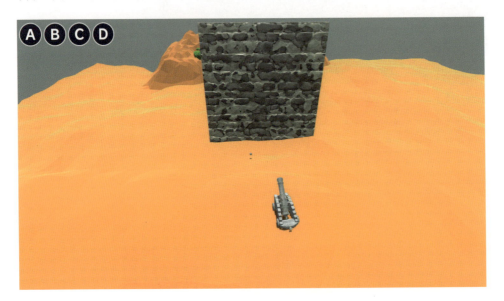

壁を越えるには「高さ」が足りないことがわかりました。そこで、**y軸方向に与える力**を変えてみましょう。

この値を変更する

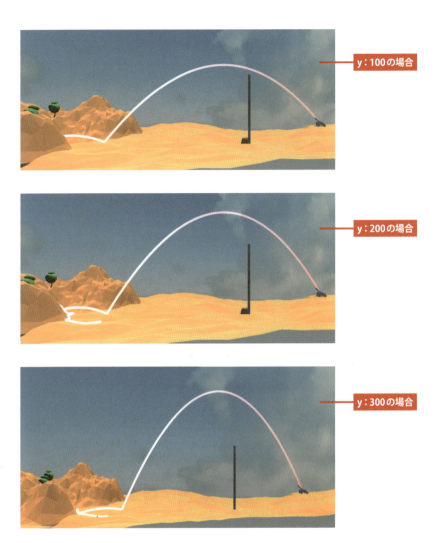

y：100の場合

y：200の場合

y：300の場合

　y軸方向に与える力を増やしていくと、砲弾を打ち上げる高さはどんどん高くなりますが、逆に砲台からの距離は短くなってしまいます。同じ力で打ち上げる場合、「上向きに軌道を変えると到達距離は短くなる」ということがわかります。高く打ち上げると同時に、進行方向（z軸方向）に与える力も増やしていく必要がありそうです。

　y軸方向に与える力を100にした時点ですでに壁を越える高さに達していたので、y軸方向の力は100のままにして、**z軸（進行方向）に与える力**を増やしてみましょう。

この値を変更する

z軸に与える力を100増やして700にすると、標的を超えてしまいます。700から少しずつ値を小さくして命中するところを見つけてみましょう。

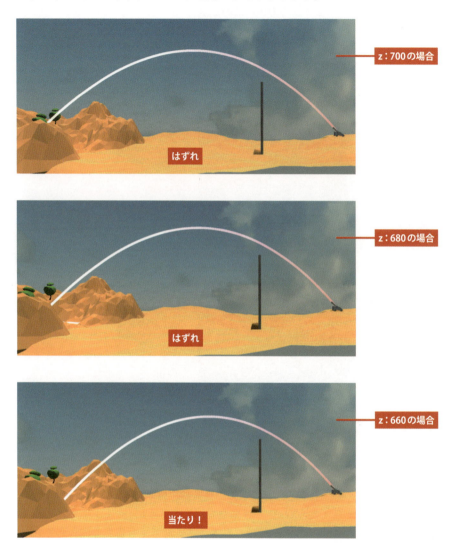

見事、命中することができたら、次のようなことができるかも試してみてください。

・砲弾をたいへん高く打ち上げて命中させる
・壁をギリギリで飛び越えて命中させる
・VRで壁を飛び越える様子を見てみる

上図にあるような砲弾の軌跡を残すには「ペン命令」を使います。ペン命令についてはラボ2-⑤のP137～138を参照してください。

サーキットを走ろう！

ミッション①：ジョイパッドコントローラーで車を操縦してみよう
ミッション②：自分の運転を記録してVRで楽しもう
ミッション③：自動運転をさせるプログラムを作ろう
ミッション④：雪山を走ろう
ミッション⑤：自分でコースを作ってみよう

はじめに

　この実験室では、ジョイパッドコントローラーを使って車を操縦したり、自作プログラムで自動運転をさせたりすることができます。レーシングサーキットや雪山でドライブを楽しんでみましょう。

◆ **このラボのミッション**
　ラボ5「サーキットを走ろう！」には5つのミッションが用意されています。

ミッション①：ジョイパッドコントローラーで車を操縦してみよう
サーキット内に配置された車を上手に操縦してみましょう。ジョイパッドコントローラーのプログラムを学習しましょう。

ミッション②：自分の運転を記録してVRで楽しもう
立体交差のある8の字型のサーキットを走行し、その走行記録をVRで楽しんでみましょう。

ミッション③：自動運転をさせるプログラムを作ろう
サーキットコースを自動運転するプログラムを作成してみましょう。このミッションではマクロの使い方についても学習します。

ミッション④：雪山を走ろう
雄大で美しい雪山の景色を楽しみながら走行してみましょう。イベント命令を使って、いろいろな出来事を起こす方法も紹介します。

ミッション⑤：自分でコースを作ってみよう
サーキットコースを自分で作成して運転を楽しんでみましょう。これまでに学んできたことを応用して簡単なゲームを作成することも可能です。

ミッション①
ジョイパッドコントローラーで車を操縦してみよう

　ラボ5「サーキットを走ろう」には①～⑤のミッションが用意されています。「実験室」を開いてラボ5-①を選びましょう。なお、前回の続きから始める場合は「続きから」ボタンを押します。

　ラボ5-①を開くと、レーシングサーキットを上空から見た様子が「小画面」に表示されます。

「**全画面**」**ボタン**を押して、この実験室がどんな様子かを見てみましょう。サーキットの左側に「赤い車」が見えます。この車は2つのジョイパッドコントローラーを使って操縦することができます。

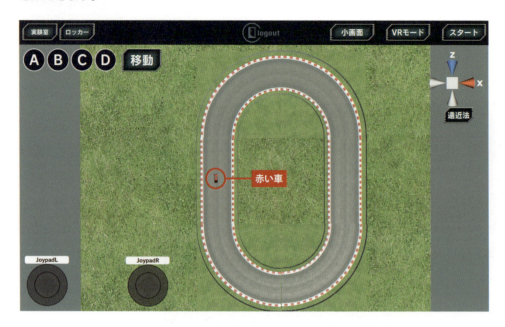

画面上にある**ジョイパッドコントローラー**を動かすと車を操縦できます。2つのジョイパッドコントローラーの使い方は、以下の図を参照してください。

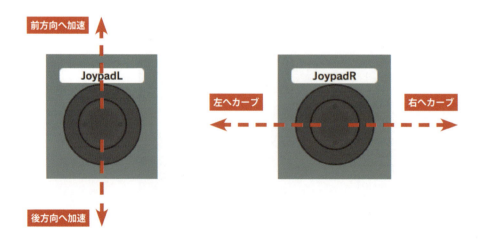

車を操縦してみよう

　まずは、2つのジョイパッドコントローラーを操作して車を操縦してみましょう。「**スタート**」**ボタン**を押す前に下図のようにジョイパッドコントローラーを画面の左右に置いておくと、操作がしやすくなります。

　慣れるまでは少し難しいかもしれませんが、カーブを曲がるタイミング、スピード、どれくらい曲がるかに気を付けて練習してみてください。
　タブレットを使用している場合は、プログラムを「**ストップ**」している間に指で画面を操作することで、いろいろな角度からサーキットや車の様子を見ることができます。

※パソコンの場合、この操作は行えません。

　それでは、ラボ5-①が「どのようなオブジェクトとプログラムでできているか？」を見ていきましょう。

「カメラ」の設定

「Camera」（カメラ）のオブジェクトにプログラムは登録されていません。カメラは起動時にどこに置かれているでしょうか？「Camera」の詳細情報を見ると、「pos：」の値は「x：0.00　y：142.14　z：0.00」となっています。

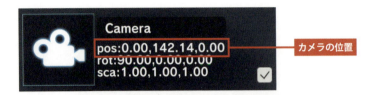

左右（x方向）と奥行き（z方向）は中央の位置で、高さ（y方向）のみ上空の地点（座標142.14）になっていることがわかります。プログラムを作成して別の場所にカメラを置くことも可能です。

「左コントローラー」に登録されているプログラム

続いては、「JoypadL」（左コントローラー）のオブジェクトを見ていきます。

このオブジェクトには、次ページに示した図のようなプログラムが登録されています。このプログラムでは、左コントローラーの「上下の動き」のみをコントロールします。

左コントローラーを上向きに操作すると、車は前へ進み、下向きに操作すると後ろに進みます。車にかかる力の値は、前には「0から1」、後ろには「0から-1」となります。

左コントローラーが中央位置にあるときは、「RaceCar3」（車）をz方向（進行方向）へ移動させる力が0となります（移動させる力が0とは、ブレーキがかかることではありません）。

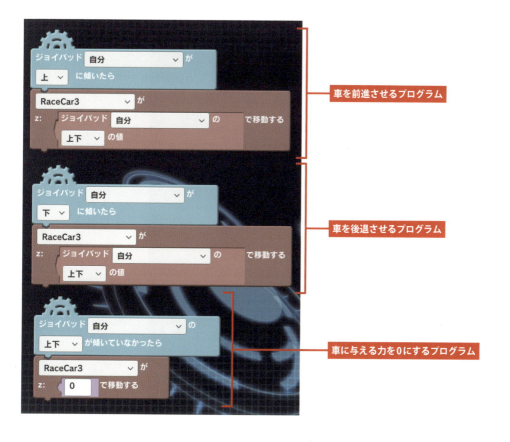

車を前進させるプログラム

車を後退させるプログラム

車に与える力を0にするプログラム

「右コントローラー」に登録されているプログラム

次は、「JoypadR」（右コントローラー）のオブジェクトです。

このオブジェクトには、次ページに示した図のようなプログラムが登録されています。このプログラムでは、右コントローラーの「左右の動き」のみをコントロールします。

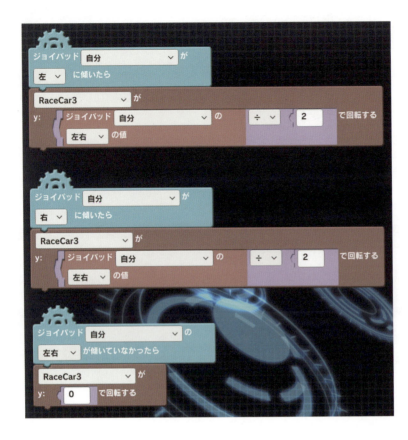
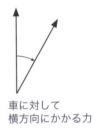

車に対して
横方向にかかる力

　右コントローラーを操作すると、「RaceCar3」（車）の前輪は「ジョイパッドの左右の値」だけ左右に動きます。右コントローラーの左右の値は、左（-1.0）、中央（0）、右（1.0）となりますが、-1.0～1.0では反応が大きすぎるため、「ジョイパッドの左右の値」を2で割り、その範囲を-0.5～0.5として使っています。

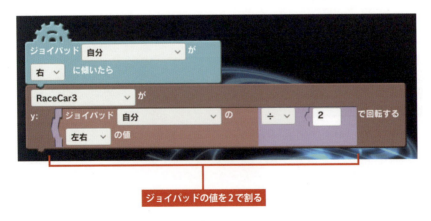

ジョイパッドの値を2で割る

「車」に登録されているプログラム

「RaceCar3」（車）のオブジェクトには、以下の図のようなプログラムが登録されています。

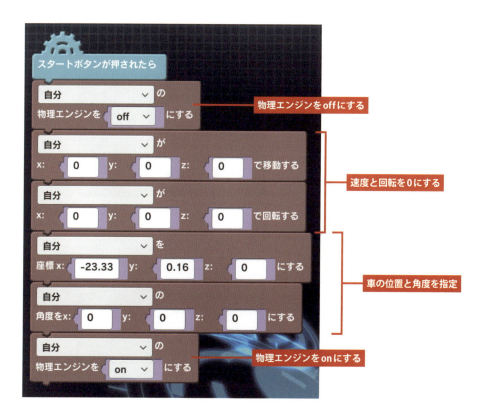

「スタート」ボタンが押されると、車はサーキットコース上の「所定の位置」に置かれます。車を「所定の位置」まで移動させるときは、**物理エンジンをoff**にします。オブジェクトの位置をある場所へ設定するときは物理エンジンをoffにして、設定できたら再び**物理エンジンをon**にします。これは、オブジェクトの場所を設定するときの初期設定のようなものといえます。

「トラックコース」の設定

最後に、「Track」(芝生を敷き詰めたサーキット会場)のオブジェクトについて見ていきます。この上にコース部品を並べてサーキットコースを作ります。

サーキットコースは、以下のようなコース部品で構成されています。

・TrackStraight1：コース部品（直線）
・TrackStraight2：コース部品（直線）

・TrackCurveA：コース部品（カーブ）
・TrackCurveB：コース部品（カーブ）

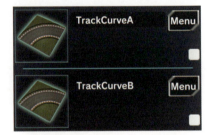

・TrackCurveC：コース部品（カーブ）
・TrackCurveD：コース部品（カーブ）

これらのオブジェクトにプログラムは登録されていません。

以下に、ジョイパッドコントローラーのプログラムがどのように車を操縦しているかをまとめておきます。仕組みを理解できたら、もういちどサーキットを走行してプログラムの働きを考えながら車を操縦してみましょう。

左側
ジョイパッドコントローラー

コントローラーを上に動かすと、中央（0）〜上限（1）の範囲で値が変わる。その値を使って車をz方向（進行方向）へ動かす。1のときに加速度が最大になる。

コントローラーが中央位置にあるときは、車の加速度は0になる。

コントローラーを下に動かすと、中央（0）〜下限（-1）の範囲で値が変わる。その値を使って車をz方向（進行逆方向）へ動かす。-1のときに加速度が最大になる。

右側
ジョイパッドコントローラー

コントローラーを左に動かすと、中央（0）〜左限（-1）の範囲で値が変わる。その値を2で割った値分だけ前輪が左を向く（左カーブ）。

コントローラーが中央位置にあるときは、車の前輪はまっすぐ前を向く。

コントローラーを右に動かすと、中央（0）〜右限（1）の範囲で値が変わる。その値を2で割った値分だけ前輪が右を向く（右カーブ）。

※ここで値を2で割っているのは、反応が大きくなり過ぎるのを防ぐためです。

ミッション②
自分の運転を記録してVRで楽しもう

　ミッション②では、別のレーシングサーキットで走行が楽しめます。このミッションでは車を追いかけるようにカメラの設置しているため、よりリアルな走行を楽しむことができます。以下の図は、ラボ5-②を開いて「全画面」の表示にした様子です。

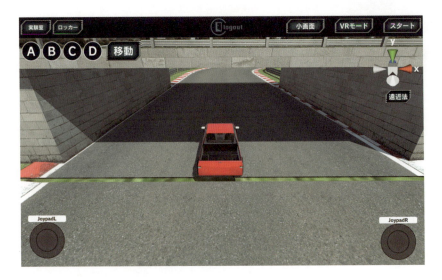

　このミッションのサーキットコースは8の字型になっており、立体交差している所があります。また、周囲にはリアルな風景が用意されています。

ミッション②では、新しいコースを作るためにいくつかのコース部品（オブジェクト）が追加されています。以下のようなものです。オブジェクトエリアで確認してみてください。

TrackStraight ……………………… 直線コース部品
TrackStraight1 ……………………… 直線コース部品
TrackStraight1_2 ……………………… 直線コース部品
TrackStraight1_3 ……………………… 直線コース部品
TrackStraight1_4 ……………………… 直線コース部品
TrackStraight_2 ……………………… 直線コース部品
TrackStraight_3 ……………………… 直線コース部品
TrackCurveC_2 ……………………… カーブコース部品
TrackCurveA_2 ……………………… カーブコース部品
TrackBridge_1 ……………………… 立体交差部品
SkyDome ……………………… 周囲の風景

「車」に追加したプログラム

各オブジェクトに登録されているプログラムは、ミッション①と同じものもあれば、変更されているものもあります。

JoypadL ……………………… ミッション①と同じ
JoypadR ……………………… ミッション①と同じ
RaceCar3 ……………………… 以下のように追加されたプログラムがあります

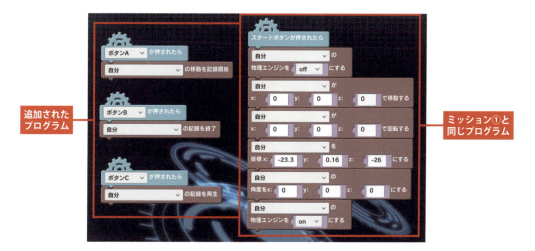

新しく追加されたプログラムは以下の図のようになっています。3つの命令を使って車の走行を記録したり、再生したりできるようになっています。記録を取ることができる最長時間は2分間です。録画は完全一致でない場合もあります。

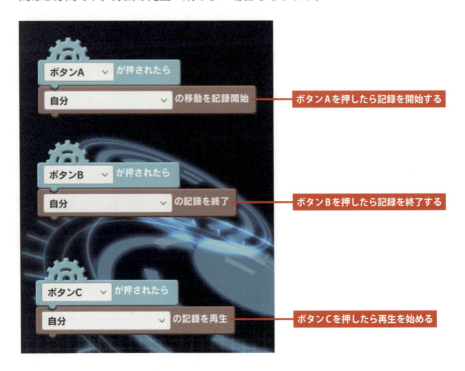

記録を開始する前に、新しいサーキットコースを何周か走行して練習しておきましょう。ミッション①のときと同じように、ジョイパッドコントローラーを画面の左右に振り分けておくと操作しやすくなります。

サーキット走行をVRで楽しむ

操作に慣れてきたら記録をとってみましょう。以下のような手順で車の走行を記録して、記録した走行を楽しみます。

（1）「スタート」ボタンを押してプログラムの実行を開始する。
（2）ボタンAを押して記録を開始する。
（3）ジョイパッドコントローラーを操作してサーキットを何周か走行する。
（4）ボタンBを押して記録を終了する。
（5）ボタンCを押して走行記録を再生する。

よい走行記録が取れたらVRでも楽しんでみましょう。VRを楽しむときの操作手順は、これまでの解説や以下の図を参考にしてください（制限時間は2分です）。

（注意）★印はスマートフォンの操作です。

★
⑥ スマートフォンでMind Renderを起動
⑦ スマートフォンでロッカーにログインし、保存したラボを呼び出して「スタート」する
⑧「全画面」にしてからVRメガネを取り付ける
⑨ ボタンCを押して記録を再生
⑩「VRモード」ボタンを押して開始

ミッション③
自動運転をさせるプログラムを作ろう

　このミッションでは、サーキットコースを自動運転するプログラムを作ります。ここで使うサーキットは四角形のコースで、以下の図のようになっています。

コース上に設置された矢印と角度の考え方

　このコースには、「**自動運転のための矢印**」がコースに沿って置かれています。矢印は幅広で、目立たないよう薄い色を付けてあります。車はこの矢印の指し示す方向に走ることで、コースから外れることなく走行します。以下はコースの一部を示した図です。AからB（矢印の先端）、BからC（矢印の先端）へ車は移動していきます。なお、「赤色の矢印」は説明用で、実際にコース上に設置されている訳ではありません。

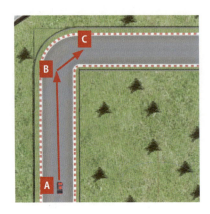

コースに沿って置かれた矢印には❶〜❾の番号が付けられています。

このミッションでは、車の向きをコントロールするために三角関数を使います。三角関数を使うときは、三角関数用の角度が必要になります。「矢印」や「車」といったオブジェクトの向きとの違いは、以下のようにまとめることができます。

3D角度（矢印や車の角度）：地図の北を起点にして右回りで計測する角度
三角関数の角度：地図の東を起点にして左回りで計測する角度

	三角関数の角度 90°−（A）	3D角度 （A）
❶	90°	0°
❷	45°	45°
❸	0°	90°
❹	−45°	135°
❺	−90°	180°
❻	−135°	225°
❼	−180°	270°
❽	−225°	315°
❾	−270°	360°（0°）

ミッション③では、こちらの角度が必要

前ページの表にある❶〜❾の矢印の「三角関数の角度」をδ（デルタ）とすると、自動運転を実現する方法は次のようになります。

　車が矢印に触れたときに、

- 車の方向（y軸の角度）をδにする（矢印と同じ方向を向く）
- 車を矢印の先端の座標へ移動する

矢印の先端の座標は、三角関数を使って以下の図のように求めます。

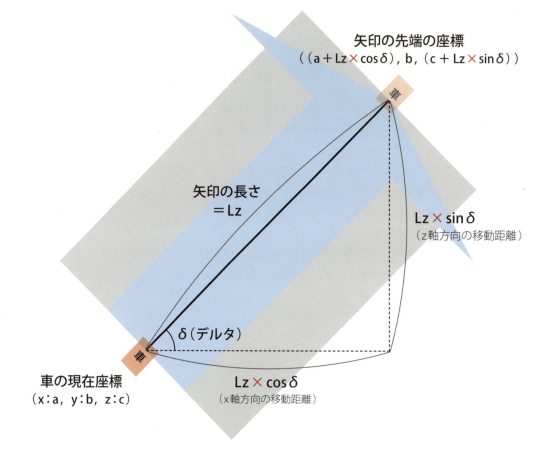

　このミッションには、上図の計算をしてくれる「矢印」が用意されています。ミッション③ではすでにコース上に「矢印」が敷き詰められていますが、自分でこの矢印を使ってプログラムを作ることもできます。ただし、同じ水平な平面（高低差のない面）でのみ有効になることに注意してください。矢印のプログラムについては後で説明します。

三角関数について

前ページの計算式に使われているsin（サイン）やcos（コサイン）は「三角関数」と呼ばれるもので、直角三角形の「各辺の比率」を示したものとなります（高校の数学で習います）。

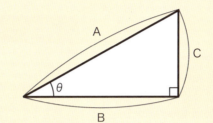

$$\cos\theta = \frac{辺Bの長さ}{辺Aの長さ}$$

$$\sin\theta = \frac{辺Cの長さ}{辺Aの長さ}$$

θ（シータ）は頂点の角度を表す記号で、θの値（角度）に応じてsinθやcosθの値も変化していきます。

前ページで解説した図の場合、Lz（矢印の長さ）が「辺Aの長さ」、角度δがθに相当します。よって、以下のような関係が成り立ちます。

$$\cos\delta = \frac{（x軸方向の移動距離）}{Lz}$$

$$\sin\delta = \frac{（z軸方向の移動距離）}{Lz}$$

この式の両辺にLzを掛けると、以下のようになります。

Lz×cosδ＝（x軸方向の移動距離）
Lz×sinδ＝（z軸方向の移動距離）

つまり、x軸方向に「Lz×cosδ」、z軸方向に「Lz×sinδ」だけ進むと「矢印の先端」に車が到達することになります。

では、このミッションで使われているオブジェクトとサンプルプログラムを順番に見ていきましょう。

「カメラ」に登録されているプログラム

「Camera」（カメラ）のオブジェクトには、以下の図のようなプログラムが登録されています。

 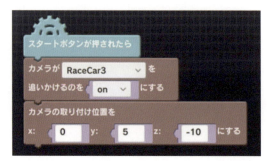

「車」に登録されているプログラム

「RaceCar3」（車）のオブジェクトには、以下の図のようなプログラムが登録されています。このプログラムはミッション②と同じもので、「スタート」ボタンが押されたときに車をコース上の「所定の位置」に置くためのものです。

「サーキット」に使われている背景

「TrackSquare」は、ミッション③で車が走るサーキットコースの背景です。角が丸い四角形の形のコースになっています。

「自動運転式」のマクロについて

「自動運転式」のオブジェクトには、「矢印」オブジェクトから呼び出される、自動運転のためのプログラムが格納されています。

最初のプログラムは、「矢印」オブジェクトが「自動運転式」を呼び出すときの方法を示しています。9個ある「矢印」オブジェクトには、

　「RaceCar3」（車）が「自分」（矢印）と接触したら
　「矢印移動」という命令を呼び出せ

というプログラムが登録されています（P226参照）。「矢印移動」の命令は、複数の命令を組み合わせて作った新しい命令です。このように「複数の命令」を使って新しく作った命令のことをmacro（マクロ）と呼びます。また、マクロの中で実際に処理する内容を定めることを「定義する」といいます。

「矢印移動」という命令（マクロ）の中身は、次のプログラムによって定義されています。P220で説明した三角関数、矢印とあわせてより詳しく自動運転の仕組みを学習しましょう。

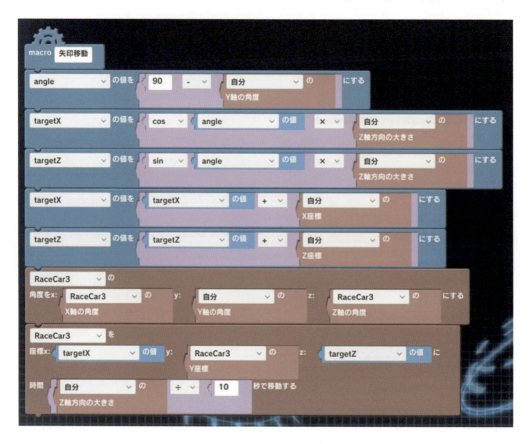

最初の命令は、「3D角度」を「三角関数の角度」に修正するために、90°から「現在のy軸の角度」を引いています。P220の図にδという角度がありましたが、ここで求めているangleはδのことを指しています。

angle（三角関数の角度）＝ 90°−3D角度

2番目の命令は、車をx軸方向に移動させる距離となります。その計算式は以下のようになります。

targetX ＝ cos（angle）× 矢印の長さ

ラボ5-③　自動運転をさせるプログラムを作ろう

　3番目の命令は、**車をz軸方向に移動させる距離**となります。その計算式は以下のようになります。

$$targetZ = \sin(angle) \times 矢印の長さ$$

　4番目の命令は、先ほど求めたtargetXに「現在の矢印のx座標」を加えて、実際に**車が目標とすべきx座標**を求める計算を行っています。

$$targetX = 先ほど求めたtargetXの値 + 自分（矢印）のx座標$$

　5番目の命令は、先ほど求めたtargetZに「現在の矢印のz座標」を加えて、実際に**車が目標とすべきz座標**を求める計算を行っています。

$$targetZ = 先ほど求めたtargetZの値 + 自分（矢印）のz座標$$

※上記で、x座標とz座標だけを計算しているのは、y座標が天地方向（上下方向）となるためです。ここでは水平面状の動きだけを考えています。

　6番目の命令は、**「車の向き」を「矢印の向き」に揃える**ためのものです。車の角度を自分（矢印）の角度にセットします。

　7番目となる最後の命令は、上で求めた**x座標（targetX）、z座標（targetZ）に車を移動する**ためのものです。移動に要する時間には、

$$自分（矢印）のz軸の大きさ \div 10（秒）$$

を指定しています。10で割っているのはスピードを調整するためです。割る数値を大きくすれば速く、小さくすれば遅くなります。

225

「矢印」に登録されているプログラム

「矢印」はコースに敷き詰められたオブジェクトで、全部で9個あります。「Arrow1」から「Arrow9」まで、全てのオブジェクトに同じプログラムが登録されています。ただし、「Arrow1」のみスタート時に当たり判定を初期化する命令が含まれます。それぞれ、以下の図のようなプログラムが登録されています。

「スタート」ボタンが押されると、まず自分の当たり判定を初期化します。これはスタート時に「矢印の上」に車が置かれており、プログラムの開始直後はすでに「車」と「矢印」が接触しているためです。レースカーの自動運転制御では、「矢印に接触しているかどうか」によってその後の処理を判断しているため、この命令が必要となります。
　「RaceCar3」（車）が自分（矢印）に接触したら、マクロ命令「矢印移動」を呼び出します。この内容は「自動運転式」のオブジェクトに定義されています。

　自動運転の仕組みを理解できたら、実際に実行して車が自動走行する様子を見てみましょう。どの矢印の場合も、矢印の先端に向かって車が走っていく様子を確認できると思います。また、VRでも自動走行を楽しんでみましょう。

　最後にもう一つ。「実験室」の自由研究2に、別の考え方による自動運転のラボが用意されています。内容は複雑なのでここでは説明しませんが、実行して動きを楽しんでみてください。

ミッション④
雪山を走ろう

　このミッションには、雪山を巡る走行コースが用意されています。雄大で美しい景色を楽しみながら走行してみましょう。以下の図は、ラボ5-④を開いて「全画面」で表示したときの様子です。

　雪山コースを遠くから見ると、以下の図のような景色が見えます。走行コースが山並みを縫うように走っていることがわかります。

　それでは、このミッションで使われているオブジェクトとサンプルプログラムを順番に見ていきましょう。

「雪山」の背景

このミッションに追加された背景は「Mountain」（雪山）です。この背景にプログラムは登録されていません。

「カメラ」に登録されているプログラム

「Camera」（カメラ）のオブジェクトには、以下の図のようなプログラムが登録されています。

カメラは「車」を追いかけるように設定されています。カメラの取り付け位置は、

　　　x：0 ……………… 車の左右中心位置
　　　y：5 ……………… 車よりも少し高い位置
　　　z：-10 …………… 車の後ろ側

となります。この位置から常に「車」をとらえ続けます。

「車」に登録されているプログラム

「RaceCar3」（車）のオブジェクトには、以下の図のようなプログラムが登録されています。

「車」のスタート位置の座標は（x:-79.2　y:28.23　z:0）となります。

「ジョイパッドコントローラー」に登録されているプログラム

「JoypadL」と「JoypadR」のオブジェクトに登録されているプログラムは、ミッション①、②と全く同じです。

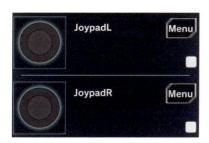

2つのジョイパッドコントローラーを操作して車を操縦する方法も、ミッション①、②と同じです。雪山の景色を楽しみながら走行してみましょう。

VRで楽しむためのプログラム

　雪山コースに慣れてきたら、ミッション②で学んだ**走行記録プログラム**を追加してみましょう。参考として、サンプルプログラムを以下に示しておきます。記録を取る最長の時間は2分間ですので注意してください。

　走行を記録できたら**VR**でもぜひ試してみてください。迫力ある雪山の景色をじっくり眺めてみましょう。VRを楽しむ手順については、P217に示した手順やこれまでの解説を参考にしてください。

イベント命令を使った応用例

　VRでの体験をさらに面白くするための工夫も考えてみましょう。例えば、車を見つめるとエンジンルームから炎が上がってターボがかかったように見える演出を施してみましょう。VR画面をのぞくと、画面中央に**小さな赤い点**（マーカー）が見つかります。この点が「**選択したいオブジェクト**」に重なるように顔の向きを変えていきます。赤い点が「選択したいオブジェクト」に重なると、**赤い丸を描き始めます**。この赤い丸が描き終わると、そのオブジェクトを押した（選択した）ことになります。

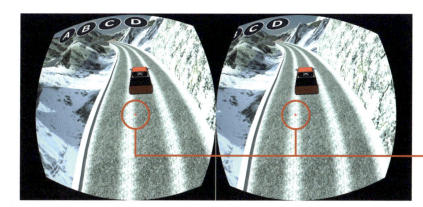

小さな赤い点がマーカー

　このプログラムは以下の図（左）のように作成します。なお、ここで使っているエフェクト「**FlameThrower**」（炎の柱が立つような効果）は、あらかじめオブジェクトエリアに追加しておく必要があります。
　プログラムを作成できたら、まずはタブレットやPCで車をタップしてみて、以下の図（右）のような効果が表示されるかを確認しておきましょう。

　上手くできたら**ロッカー**に保存し、スマートフォンから呼び出してVRでも試してみてください。

先ほど使用した「" "がタップされたら」というイベント命令のほかにも、下図のような命令を使って雪山走行中にいろいろな出来事を起こすことができます。

例えば、以下の図のように、雪山コースのどこかに巨大な「Cat」（ネコ）を置いてみましょう。

ネコの最初の状態は、「RaceCar3」のプログラムを参考にして次のように指定してみます。ネコの重さを重くするのは、車がぶつかったときに猫が動いてしまわないようにするためです。

　このネコを上手によけて走行するというミッションを考えた場合、「ネコにぶつかってしまったとき」に何かが起こるようにしなければいけません。上図のプログラムに加えて、車がネコにぶつかってしまったときのプログラムを作成します。以下のプログラムはその一例です。このプログラムでは、車（RaceCar3）とネコがぶつかると大爆発がおきます。

　そのほかVRの場合には、ネコが見えたときに「見つめると音を鳴らす」などの動作も実現できます。この場合は、以下の図のようにプログラムを作成します。

これらの例を参考にしながら、各自で工夫を凝らしてみてください。雪山コースにいろいろなオブジェクトを置いたり、いろいろなハプニングを起こしたりして、雪山走行をさらに楽しくしてみましょう。

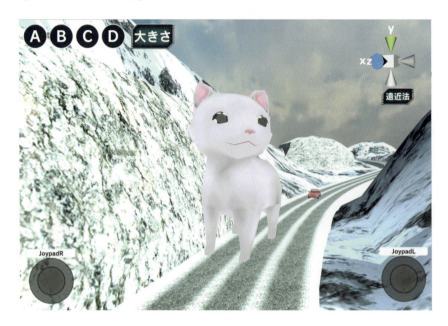

/// ミッション⑤ ///
自分でコースを作ってみよう

　続いては、ラボ5-⑤を開いてみましょう。このミッションには、自分でサーキットコースを作るためのコース部品があらかじめ登録されています。以下の図は、ラボ5-⑤を開いて「全画面」の表示にした様子です。

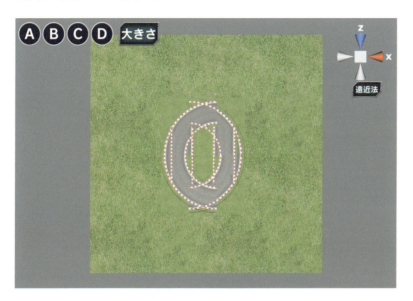

　コース部品が足りなくなったときは、オブジェクトエリアにある**「追加」ボタン**を押すと、部品をいくつでも追加することができます。コース部品のほかに、周辺に置く木などのオブジェクトも見つけることができます。

自作コースの作成手順

　ここでは簡単な例として、円形のサーキットコースを作ってみましょう。全てのコース部品は、広い芝生の上で自由に動かすことができます。以下に手順を示します。

（1）プログラムが停止中のときに表示されるボタンA、B、C、Dの横にあるボタンが「**移動**」と表示されていることを確認します。「回転」や「大きさ」になっていた場合は、「移動」と表示されるまでボタンを押します。

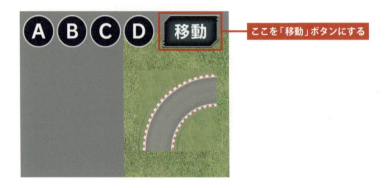

ここを「移動」ボタンにする

（2）この状態で**コース部品を押して選択**すると、以下の図のような**3次元の矢印**が表示されます。この矢印はオブジェクトを動かすためのものです。

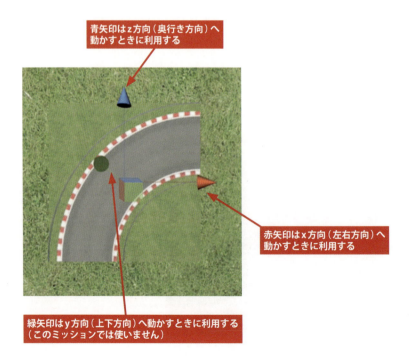

青矢印はz方向（奥行き方向）へ動かすときに利用する

赤矢印はx方向（左右方向）へ動かすときに利用する

緑矢印はy方向（上下方向）へ動かすときに利用する（このミッションでは使いません）

（3）このミッションに用意されている4つのカーブコース部品を組み合わせると、円形コースが完成します。

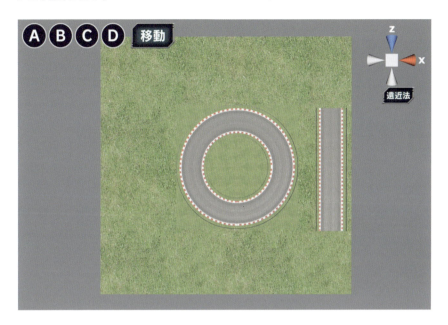

（4）オブジェクトエリアにある「追加」ボタンを押して、自分の好きな車のオブジェクトを追加します。

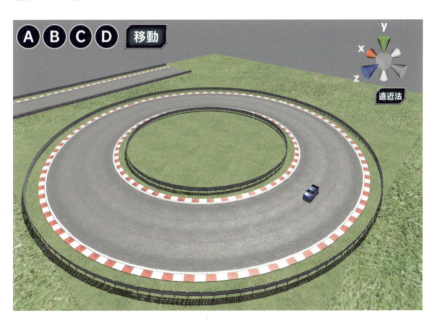

（5）**「車」オブジェクトのプログラム**は、ここまでのミッションを参考にしながら自分で作成します。例えば、ミッション①、②、④と同じようにプログラムを作成すると、ジョイパッドコントローラーを動かして車を操縦することが可能となります。

さらに、ミッション④で試したようにコース上にオブジェクトを配置して、イベント命令を使っていろいろな出来事やハプニングを起こしてみてもよいでしょう。

自分だけの特別なコースを作り、さまざまな仕掛けを組み込んで、他の人にも楽しんでもらいましょう。速さを競う、障害物をたくさん置いて操縦テクニックを競う、などのゲーム要素を取り入れたアイデアも面白いかもしれません。

自由研究

自由研究1　太陽系を観察しよう

　実験室にある自由研究1「太陽系を観察しよう」には、①から⑤までの5つのミッションが用意されています。はじめにVRで宇宙旅行の気分を楽しんだら、惑星の公転や月に関わるミッションにチャレンジしてみてください。自由研究には、詳しい説明がありません。今までに学んだことを応用して、自由に取り組んでみましょう。

（注意）わかりやすさを優先するために、各天体の大きさ、天体間の距離、公転速度などは反映されていません。軌道は真円としています。

◆**ミッション①：VRで宇宙旅行を楽しもう**
　太陽を中心に、水星、金星、地球（と月）、火星、木星、土星の6つの天体が公転します。

・惑星をタップ（クリック）すると、その惑星からの視点に切り替わります。ボタンDを押すと全景に戻ります。太陽の左側にある宇宙船をタップすると、宇宙船に乗り込むことができます。

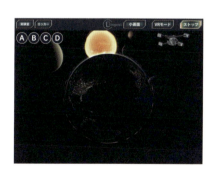 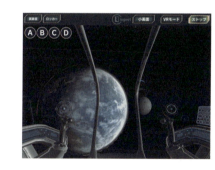

・ボタンBを押すと惑星の公転の軌跡が描画されます。ボタンCを押すと軌跡が消えます。

- VRで楽しむ

  VRを見るときの操作手順はP21～29の説明を参照してください。宇宙船の中から見る場合は、宇宙船をタップしてからVRメガネにセットします。惑星を数秒間見つめると、赤い点の周囲に赤い円が描かれます。円が閉じると、その惑星からの視点に切り替わります。宇宙船から惑星へ、惑星から惑星へ、宇宙旅行を楽しんでください。

◆ミッション②：太陽系を作ろう

　このミッションには、水星、金星、地球、火星の公転プログラムがサンプルとして登録されています。木星と土星はありませんが、誕生まであと一歩のところまで準備されています。そこに、ある"おまじない"をかけると、木星と土星が誕生します。その"おまじない"とは、「オブジェクトの変更」と「マクロ命令の完成」です。以下に手順を説明します。

- オブジェクトエリアに「木星誕生前」と「土星誕生前」のオブジェクトがあります。それぞれ、木星、土星を公転させるプログラムが登録されています。

　＜おまじない１＞

　　「木星誕生前」の「Menu」ボタンを押し、続いて「変更」ボタンを押します。表示される画面で"08Jupiter"（木星）を選択すると、アイコンが木星に変わります。名前も"木星"に変えておきましょう。"木星誕生前"の部分を押すと、名前を変更できます。

　＜おまじない２＞

　　下図のように「スタートボタンが押されたら」命令を追加して、マクロ命令を完成させます。土星も同じ手順で変更してください。

　木星と土星が誕生したら、公転半径と公転速度をいろいろな値に変えて結果を観察してみましょう。

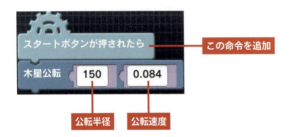

◆ミッション③：月の動きを観察しよう

　太陽の周りを回る地球、その地球の周りを回る月。月はどのような公転軌道を描くのか観察してみましょう。

- ボタンAを押すと、月の公転軌跡が描画されます。ボタンBで地球の公転軌跡も描画できます。
- ボタンCを押すと、カメラ位置が地球と月に近づきます。ボタンDで元の位置に戻ります。

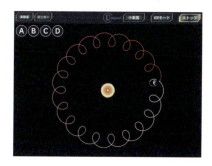

・プログラムで月の公転半径や公転速度、地球の公転速度を変えると、軌跡も変わります。それぞれ、オブジェクト"05Moon"、"04Earth"の中にあるプログラムで値を変更します。変更方法は、ミッション②を参考にしてください。さまざまな組み合わせを試して、面白い図を描いてみましょう。

・ほかにもいろいろなことを試してみましょう。
　　（例1）線の色を変える
　　　　※「応用」→「ペン」のカテゴリーにある「"自分"のペンの色を□にする」という命令を使います。
　　（例2）惑星や衛星を追加して、軌跡の線を増やす

◆ ミッション④：公転と自転のプログラムを見てみよう

　少し高度なチャレンジになりますが、3次元ワールドで宙に浮いた惑星を「公転させるプログラム」や「自転させるプログラム」がどのように作られているか分析してみてください。"earthRotate"のように「……Rotate」という変数が使われているのが公転、"earthSpin"のように「……Spin」という変数が使われているのが自転のプログラムです。半径や速度を変えることができるので、いろいろな値で試してみましょう。

◆ ミッション⑤：火星と地球の公転を観察しよう

　地球と火星の公転を比べてみましょう。このミッションでは、地球が一周したところで火星の公転が止まるようにしています。地球が一周する間に火星は何周するでしょうか。公転速度を変えると結果も変わります。いろいろな値で試してみましょう。

ほかにも、いろいろなことを試してみましょう。

（例1）公転速度を入力する部分に日数を使う

　サンプルプログラムでは、一回（一日あたり）に惑星が動く大きさを角度で指定し、これを公転速度としています。たとえば、一日あたり1°ずつ動くとすると、円周360°を一周するのに360日かかることになります。0.5°ずつ動けば、720日かかります（注意：実際に日数がかかるわけではありません）。公転速度を角度ではなく日数で入力するには、以下ようにプログラムを変更します。

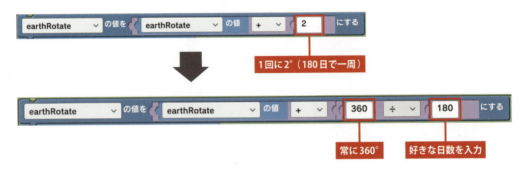

　地球は360日、火星は1,000日で一周すると仮定し、プログラムを変更してみましょう。火星が2,000日の場合はどうでしょうか。極端な例をいくつか試してみましょう。

（例2）惑星を追加して、3つや4つで試してみましょう。地球が一周する間に、火星や追加した惑星はそれぞれ何周するでしょうか。自分で公転日数を決めて試してみましょう。
（例3）宇宙船を追加して、惑星と同じように太陽の周りを公転させてみましょう。

　工夫次第でさまざまなことができます。ぜひチャンレジして、楽しんみてください。

自由研究2　自動運転・上級編

　自由研究2「自動運転・上級編」は、自動運転の上級編となります。

◆ミッション①：立体交差のあるコースで自動運転してみよう

　ラボ5-③と同じように矢印を使った自動運転となりますが、ラボ5-③との違いは「コース上に立体交差がある」ことです。

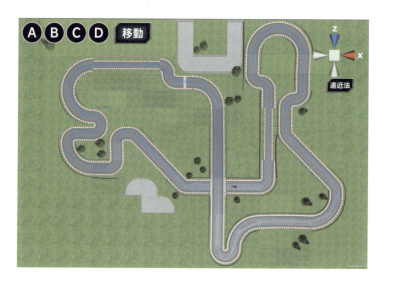

　矢印オブジェクトには、マクロ命令「矢印移動」を呼び出すためのプログラムがあります。このマクロ命令の定義は、オブジェクトメニューの「自動運転式」で見つけることができます。
　ラボ5-③でも同様の矢印オブジェクトを使いましたが、この実験室の矢印オブジェクトは機能が強化されています。ラボ5-③の矢印オブジェクトは「道路の高低差がないこと」が前提でしたが、この実験室で使われている矢印オブジェクトは多少の高低差があっても対応できます。立体交差を走る様子を見ると、そのことがわかります。

　自動運転を楽しんだら、次のようなことも研究してチャレンジしてみてください。

・自動運転のスピードを速くしたり、遅くしたりするにはどうしたらよいか？
　※ヒント：マクロ命令「矢印移動」で速さを決めている場所を探す。
・カメラの取り付け位置を変えてレースカーを追いかけるようにする。その後、VRで自動運転を楽しんでみる。

◆ミッション②：違う考え方で自動運転を実現してみよう

　これまでとは違う考え方で自動運転を実現しています。コース全体は下図のようになっていて、赤い矢印オブジェクトが敷き詰めてあります。まずは「スタート」ボタンを押して、自動運転がこれまでと少し違うことを体験してみてください。

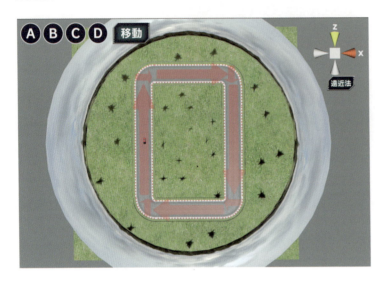

　この実験室の自動運転では、矢印の終わりから先端まで、レースカーがゆっくりと移動していることがわかります。この自動運転の秘密は、これまでとは少し違う矢印オブジェクトにヒントがあります。

　プログラムは大きく2つの部分に別れています。一つは「角度設定式」、もう一つは「RaceCar3」の中に組み込まれています。「角度設定式」は「矢印移動」と「はみ出し制御」の2種類のマクロで、「RaceCar3」は「方向補正」のマクロで、かなり複雑な制御をしています。

　ラボ5-③と違うところは、矢印情報が「座標の情報を与えるのか」それとも「角度の情報を与えるのか」という点にあります。これを参考に、自分で仕組みを考えてみてください。

　発展課題として、次のようなことも研究してチャレンジしてみてください。

- コースをはみ出さないようにカーブをギリギリで大回りして運転するにはどうすればよいでしょうか？
  ※ヒント：レースカーのプログラムでマクロ命令「自動運転」で「左右に向きを変えている命令はどれか」を探して、数値をいろいろに変えてみましょう。
- VRモードで自動運転を楽しんでみましょう。

おわりに

皆さん、Mind Renderの世界を楽しんで頂けたでしょうか。また、自分なりにプログラミングのコツを掴めたでしょうか。いくぶんでも「Yes」であれば、本書を執筆した意味があります。

最後に、本書の執筆者の多くが関わったお話をさせて頂きます。

MITメディアラボ（エムアイティメディアラボ）は、アメリカのマサチューセッツ工科大学にある研究所です。Mind Renderはブロックの形をした命令を組みあわせてプログラムを作成しますが、このようなブロック型の教育用プログラミング言語の標準である「スクラッチ」が開発されたのがこの研究所です。ほかにも、コンピュータ分野で世界最先端の研究がたくさん、この研究所で生まれています。

※弊社の会社名の省略形もMITとなりますが、全く関係はありません。混乱を招くようで申し訳ありません。

この研究所の活動を強力に支援した日本人がいます。株式会社CSKと株式会社セガエンタープライゼズの会長だった故 大川 功 氏です。大川氏は、1998年、2700万ドル（当時の為替レート換算で約35億円）という巨額の私財を研究所に寄付しました。2010年に完成した新しいメディアラボの建物は、建築費用の約50%がこの寄付によってまかなわれ、建物の玄関には「Okawa Center for Future Children」という看板が立てられています。

大川氏は、「情報社会の未来を担うのは子供たちである」という理念を持っていました。そして「Okawa Center for Future Children」でも、子供の将来に焦点をあてた研究が行われています。

執筆者の多くは、大川氏のもとで長く働き、折に触れてその考え方や理念に触れる機会を得てきました。その後、それぞれのメンバーがさまざまな分野の情報システム開発や情報サービス提供に携わったのち、教育用プログラミング環境「Mind Render」の企画・開発を行うことになったのも、「情報社会の未来を担うのは子供たちである」という大川氏の理念に導かれたからかもしれません。

命令一覧

　最後に、Mind Renderに用意されている命令の一覧表を掲載しておきます。プログラムを作成するときの参考としてください。

■ イベント（基本）

	命令	機能
1	スタートボタンが押されたら	スタートボタンがタップされたときにプログラムを実行する
2	[ボタンA｜ボタンB｜ボタンC｜ボタンD]が押されたら	指定したボタンがタップされたときにプログラムを実行する
3	端末が[奥｜手前｜左｜右]側に傾いたら	端末を傾けたときにプログラムを実行する
4	端末が水平だったら	端末が水平のときにプログラムを実行する
5	ジョイパッド[自分｜オブジェクト]が[上｜下｜左｜右]に傾いたら	ジョイパッドを傾けたときにプログラムを実行する
6	ジョイパッド[自分｜オブジェクト]が中心にあったら	ジョイパッドが中心（ニュートラルポジション）にあったらプログラムを実行する
7	ジョイパッド[自分｜オブジェクト]の[左右｜上下]が傾いていなかったら	ジョイパッドが左右または上下に傾いていないときにプログラムを実行する
8	[自分｜オブジェクト]と[自分｜オブジェクト]が接触したら	指定した2つのオブジェクトが当たったらプログラムを実行する
9	[自分｜オブジェクト]と[自分｜オブジェクト]が接触後離れたら	指定した2つのオブジェクトが当たった後、離れたときにプログラムを実行する
10	[自分｜オブジェクト]が何かに接触したら	指定したオブジェクトが何かに当たったらプログラムを実行する
11	[自分｜オブジェクト]がタップされたら	指定したオブジェクトがタップされたときに（VRモードでは注視したときに）プログラムを実行する

■ コントロール（基本）

	命令	機能
1	[0.1]秒待つ	指定した秒数待つ
2	[10]回、以下を繰り返す [（プログラム）]	指定した回数、プログラムを繰り返す
3	常に以下を繰り返す [（プログラム）]	条件の指定なく、常にプログラムを繰り返す
4	もし[　　]なら以下を繰り返す [（プログラム）]	条件を満たすときのみ、プログラムを繰り返す
5	もし[　　]なら以下を実行する [（プログラム）]	条件を満たすときにプログラムを実行する
6	もし[　　]なら以下を実行する [（プログラムA）] 違う場合は以下を実行する [（プログラムB）]	条件を満たすときに実行されるプログラムAと、満たさない場合に実行されるプログラムBを指定する

■ 演算（基本）

	命令	機能
1	[a] = [b]	値aが値bと等しかったらON
	[a] ≠ [b]	値aが値bと等しくなかったらON
	[a] < [b]	値aが値bより小さかったらON
	[a] ≦ [b]	値aが値b以下だったらON（値bを含む）
	[a] > [b]	値aが値bより大きかったらON
	[a] ≧ [b]	値aが値b以上だったらON（値bを含む）
2	[a] and [b]	2つの値をandした値
	[a] or [b]	2つの値をorした値
3	[on｜off]	onかoffを指定する
4	[a] ＋ [b]	値a＋値bの値
	[a] － [b]	値a－値bの値
	[a] × [b]	値a×値bの値
	[a] ÷ [b]	値a÷値bの商の値
	[a] ^ [b]	値aのb乗の値
	[a] % [b]	値a÷値bの余りの値

（次ページへ続く）

命令一覧

（前ページからの続き）

	命令	機能
5	√ [a]	値aの平方根
	¦¦ [a]	値aの絶対値
	ln [a]	値aの自然対数
	log10 [a]	値aの常用対数
	e^ [a]	e（自然対数の底）のa乗の値
	10^ [a]	10のa乗の値
6	sin [45]	サインの値（角度は度数）
	cos [45]	コサインの値
	tan [45]	タンジェントの値
	asin [45]	アークサインの値
	acos [45]	アークコサインの値
	atan [45]	アークタンジェントの値
7	π	円周率（π）
	e	自然対数の底
	φ	黄金比
	sqrt(2)	2の平方根
8	四捨五入 [a]	小数点以下を四捨五入した値
	切り上げ [a]	小数点以下を切り上げした値
	切り捨て [a]	小数点以下を切り捨てした値
9	[a]から[b]までの乱数を作成	値aから値bまでのランダムな数値（整数）を作成する
10	0.0から1.0までの乱数を作成	0.0から1.0までのランダムな数値（小数）を作成する
11	atan2（差分1：[a] 差分2：[b]）	現在地から別の地点への角度を求める。差分1はz座標の値の差分、差分2はx座標の値の差分を入れる

命令一覧

■ 変数／表示（基本）

	命令	機能
1	コメント[　　　]	プログラムの中にコメントを入れる
2	[　　　]	変数に文字列を入力するときに使う
3	[　　　]を表示する	入力されたテキストや変数の値を表示する
4	[　　　]と質問して答えを待つ	テキスト（質問）を入力し、その答えの入力を待つ
5	[（変数名）]の値	変数の値
6	[（変数名）]の値を[　]にする	変数の値を[　]の値にする

■ 変数／表示（応用）

	命令	機能
1	[リスト1]に[　]をセット	リストに[　]の値をセットする
2	[リスト1]の[1]番目を削除	リストの指定位置の値を削除する
3	[リスト1]の項目を全て削除	リストの全ての値を削除する
4	[リスト1]の[1]番目に[　]を挿入	リストの[　]番目の位置に、[　]の値を挿入する
5	[リスト1]の[1]番目の値を[　]にする	リストの指定位置の値を[　]の値で置き換える
6	[リスト1]の[1]番目の値を取得	リストの指定位置の値を取得する
7	[リスト1]の個数を取得	リストの個数を取得する
9	[リスト1]に[　]の値を含んでいるか	リストに[　]の値があったらON、なかったらOFFにする
10	[リスト1]の中身を表示	リストの中身を表示する
11	リストの表示を消す	リストの表示を消す

■オブジェクト（基本）

	命令	機能
1	[自分｜オブジェクト]を 座標x：[0]　y：[0]　z：[0]にする	オブジェクトを指定した位置に置く
2	[自分｜オブジェクト]の 角度をx：[0]　y：[0]　z：[0]にする	オブジェクトを指定した角度にする
3	[自分｜オブジェクト]の 大きさをx：[0]　y：[0]　z：[0]にする	オブジェクトを指定した大きさにする
4	[自分｜オブジェクト]の 現在の座標にx：[0]　y：[0]　z：[0]を加える	オブジェクトを指定した座標へ移動する（今の位置に加える）
5	[自分｜オブジェクト]の 現在の角度にx：[0]　y：[0]　z：[0]を加える	オブジェクトの角度を指定した角度にする（今の角度に加える）
6	[自分｜オブジェクト]を 座標x：[0]　y：[0]　z：[0]に スピード[0]で移動する	オブジェクトを指定した位置に、指定したスピードで移動する
7	[自分｜オブジェクト]の 座標を[自分｜オブジェクト]の位置から x：[0]　y：[0]　z：[0]に移動する 回転はx：[✓]　y：[✓]　z：[✓]を反映する	オブジェクトを、別のオブジェクトを起点にして移動する
8	[自分｜オブジェクト]に 後ろから力[0]を与える	オブジェクトに後ろから押し出す力を与える
9	[自分｜オブジェクト]のx座標	オブジェクトのx座標の値
10	[自分｜オブジェクト]のy座標	オブジェクトのy座標の値
11	[自分｜オブジェクト]のz座標	オブジェクトのz座標の値
12	[自分｜オブジェクト]の移動を記録開始	オブジェクトの記録を開始する
13	[自分｜オブジェクト]の記録を終了	オブジェクトの移動の記録を終了する
14	[自分｜オブジェクト]の記録を再生	オブジェクトの記録を再生する
15	[自分｜オブジェクト]に [左スティック｜右スティック｜ジョイパッド]の操作を反映する	「右スティック」「左スティック」はゲームコントローラーを接続した場合に使用する

命令一覧

■ オブジェクト（応用）

	命令	機能
1	ジョイパッド[自分｜オブジェクト]の [左右｜上下]の値	ジョイパッドの上下左右の値を取得する
2	[自分｜オブジェクト]の 表示を[on｜off]にする	オブジェクトを一時的に表示、または一時的に非表示にする
3	[自分｜オブジェクト]に 瞬間的な力x：[0]　y：[0]　z：[0]を与える	オブジェクトに瞬間的な移動力を加える。継続的な力ではない。ものを押し出すイメージ
4	[自分｜オブジェクト]に 継続的な力x：[0]　y：[0]　z：[0]を与える（相対指定）	オブジェクトに継続的な移動力を加える。この移動力で動き続ける。相対座標で（自分の向きを基準にして）指定する
5	[自分｜オブジェクト]に 継続的な力x：[0]　y：[0]　z：[0]を与える（絶対指定）	オブジェクトに継続的な移動力を加える。この移動力で動き続ける。絶対座標で指定する
6	[自分｜オブジェクト]が x：[0]で移動する	オブジェクトがx軸方向に自分で移動する
7	[自分｜オブジェクト]が y：[0]で移動する	オブジェクトがy軸方向に自分で移動する
8	[自分｜オブジェクト]が z：[0]で移動する	オブジェクトがz軸方向に自分で移動する
9	[自分｜オブジェクト]が x：[0]　y：[0]　z：[0]で移動する	オブジェクトが指定した方向と強さで、自分で移動する
10	[自分｜オブジェクト]に 瞬間的な回転力x：[0]　y：[0]　z：[0]を与える	オブジェクトに瞬間的な回転力を加える。継続的な力ではない。こまを回すイメージ
11	[自分｜オブジェクト]に 継続的な回転力x：[0]　y：[0]　z：[0]を与える（相対指定）	オブジェクトに回転力を与える。この回転力で回り続ける。相対座標（自分の向きを基準にして）で指定する
12	[自分｜オブジェクト]に 継続的な回転力：[0]　y：[0]　z：[0]を与える（絶対指定）	オブジェクトに回転力を与える。この回転力で回り続ける。絶対座標で指定する
13	[自分｜オブジェクト]が x：[0]で回転する	オブジェクトがx軸方向に自分で回転する
14	[自分｜オブジェクト]が y：[0]で回転する	オブジェクトがy軸方向に自分で回転する
15	[自分｜オブジェクト]が z：[0]で回転する	オブジェクトがz軸方向に自分で回転する
16	[自分｜オブジェクト]が x：[0]　y：[0]　z：[0]で回転する	オブジェクトが指定した角度に自分で回転する

（次ページへ続く）

（前ページからの続き）

	命令	機能
17	[自分｜オブジェクト]のx軸の角度	オブジェクトのx軸の角度を取得する
18	[自分｜オブジェクト]のy軸の角度	オブジェクトのy軸の角度を取得する
19	[自分｜オブジェクト]のz軸の角度	オブジェクトのz軸の角度を取得する
20	[自分｜オブジェクト]の 現在の大きさにx：[0]　y：[0]　z：[0]を加える	オブジェクトの大きさを変更する(今の大きさに加える)
21	[自分｜オブジェクト]のx軸方向の大きさ	オブジェクトのx軸方向の大きさを取得する
22	[自分｜オブジェクト]のy軸方向の大きさ	オブジェクトのy軸方向の大きさを取得する
23	[自分｜オブジェクト]のz軸方向の大きさ	オブジェクトのz軸方向の大きさを取得する
24	[自分｜オブジェクト]を 座標x：[0]　y：[0]　z：[0]に 時間[0]秒で移動する	オブジェクトを指定した位置に、指定した時間で移動する
25	[自分｜オブジェクト]の 当たり判定を初期化	オブジェクトの当たり判定を初期化する

■ペン（応用）

	命令	機能
1	全てのペンを消す	ペンで描いた全てのラインを消す
2	[自分｜オブジェクト]のペンを消す	指定したオブジェクトがペンで描いたラインを消す
3	[自分｜オブジェクト]の ペンを上げる	ペン描画モードをOFFにする
4	[自分｜オブジェクト]の ペンを下げる	ペン描画モードをONにする
5	[自分｜オブジェクト]の ペンの色をR：[255]　G：[255]　B：[255]にする	ペンを指定した色にする
6	[自分｜オブジェクト]の ペンの色を□にする	ペンをカラーパレットで指定した色にする
7	[自分｜オブジェクト]の ペンの幅を[1]にする	ペンを指定した幅にする

■ 物理（応用）

	命令	機能
1	[自分｜オブジェクト]の 物理エンジンンを[on｜off]にする	オブジェクトの物理エンジンをON｜OFFする
2	[自分｜オブジェクト]の 重力の影響を[on｜off]にする	オブジェクトの重力の影響をON｜OFFする
3	[自分｜オブジェクト]の 重さを[5]にする	オブジェクトの重さを変更する
4	[自分｜オブジェクト]の 跳ね返り係数を[0.5]にする	オブジェクトの跳ね返り係数を変更する
5	[自分｜オブジェクト]の 摩擦係数を[0.5]にする	オブジェクトの摩擦係数を変更する
6	[自分｜オブジェクト]の 空気抵抗を[0]にする	オブジェクトの空気抵抗を変更する
7	[自分｜オブジェクト]の 回転に対する空気抵抗を[0.05]にする	オブジェクトの回転に対する空気抵抗を変更する
8	[自分｜オブジェクト]が 着地しているか	オブジェクトが着地していたらON、していなかったらOFFにする

■ 効果（基本）

	命令	機能
1	[自分｜オブジェクト]のライトの色を R：[255]　G：[255]　B：[255]にする	オブジェクトの光の色をRGBで指定する
2	[自分｜オブジェクト]のライトの色を□にする	オブジェクトの光の色を指定する
3	[自分｜オブジェクト]のライトを消す	オブジェクトの光を消す
4	[自分｜オブジェクト]の色を R：[255]　G：[255]　B：[255]にする	オブジェクトの色をRGBで指定する
5	[自分｜オブジェクト]の色を□にする	オブジェクトの色を指定する
6	[自分｜オブジェクト]の色を元に戻す	オブジェクトの色を初期状態に戻す
7	[自分｜オブジェクト]の音を鳴らす　リピートは[on｜off]	サウンドを再生する。リピートの有無を指定する
8	[自分｜オブジェクト]の音を停止	サウンドの再生を停止する
9	グラフをすべて削除する	グラフをすべて削除する
10	[Cube｜Cylinder]グラフを描画する x：[0]　y：[0]　z：[0] 大きさ：[0]　スピード：[0.01]　色：□	グラフ形状、描画位置、高さ、描画スピード、色を指定してグラフを描画する

■効果（応用）

	命令	機能
1	環境光の色を R：[255]　G：[255]　B：[255]にする	3D空間の光の色をRGBで指定する。赤くして夕方を演出するなどに使用する
2	環境光の色を□にする	3D空間の光の色を指定する。赤くして夕方を演出するなどに使用する
3	エフェクト[自分｜オブジェクト]を x：[0]　y：[0]　z：[0]の位置で再生	エフェクトを指定位置に表示する
4	エフェクト[自分｜オブジェクト]を [自分｜オブジェクト]の位置で再生	エフェクトをオブジェクトのある位置に表示する
5	エフェクトを全て削除する	エフェクトを全て削除する

■カメラ（基本）

	命令	機能
1	カメラが[自分｜オブジェクト]を 追いかけるのを[on｜off]にする	移動カメラがオブジェクトを追いかける。または追いかけるのを停止する
2	カメラが何かを追いかけるのをやめる	移動カメラを停止する
3	カメラが追いかける際、 オブジェクトの回転も追尾するのを [on｜off]にする	移動カメラがオブジェクトの回転を追いかける。通常はOFFにする。1と一緒に使う
4	カメラのレンズを x：[0]　y：[0]　z：[0]に向ける	移動カメラのレンズの向きを指定する。指定しないときはオブジェクトの中心に向いている
5	カメラの取り付け位置を x：[0]　y：[0]　z：[0]にする	移動カメラの座標を指定する。オブジェクトを基準にした相対座標（4の命令も同じ）
6	カメラの座標をx：[0]　y：[0]　z：[0]にする	固定カメラの座標を指定する（絶対座標）
7	カメラのx座標	カメラのx座標の値を取得する
8	カメラのy座標	カメラのy座標の値を取得する
9	カメラのz座標	カメラのz座標の値を取得する

■ カメラ（応用）

	命令	機能
1	カメラの回転は、オブジェクトの回転 x：[✓]　y：[✓]　z：[✓]を反映する	移動カメラがオブジェクトの回転に合わせて回転する
2	カメラの座標にx：[0]　y：[0]　z：[0]を加える	固定カメラを指定した座標に移動する（今の位置に加える）
3	カメラの角度をx：[0]　y：[0]　z：[0]にする	固定カメラの角度を指定する
4	カメラの角度に x：[0]　y：[0]　z：[0]を加える	固定カメラの角度を変更する（今の角度に加える）
5	カメラのx角度	カメラのx角度を取得する
6	カメラのy角度	カメラのy角度を取得する
7	カメラのz角度	カメラのz角度を取得する

■ マクロ（基本）

	命令	機能
1	macro [default]	マクロ命令。複雑な命令群を総合して作成したもの
2	macro [default] [要素1]	マクロ命令に渡さなければならないパラメータ（要素1）をセットする
3	macro [default] [要素1] [要素2]	マクロ命令に渡さなければならないパラメータ（要素1、2）をセットする

◆「Mind Render」に関するお問い合わせ

Mind Render について、ご意見、ご感想、ご要望がございましたらお聞かせください。今後の品質向上の参考とさせていただきます（返信をお約束するものではありません。あらかじめご了承ください）。

お問い合わせ先メールアドレス ························ support@mindrender.jp

プログラムの作り方や、命令、操作方法などに関する個別のご質問にはお答えしかねますので、あらかじめご了承ください。

天才を育むプログラミングドリル
Mind Render で楽しく学ぶ VR の世界

2018年12月25日　初版第1刷発行

著　者　　白土 良一／石原 正雄／伊藤 宏／武富 香麻里
発行人　　石塚 勝敏
発　行　　株式会社 カットシステム
　　　　　〒169-0073 東京都新宿区百人町4-9-7　新宿ユーエストビル8F
　　　　　TEL　（03）5348-3850　　FAX　（03）5348-3851
　　　　　URL　http://www.cutt.co.jp/
　　　　　振替　00130-6-17174
印　刷　　シナノ書籍印刷 株式会社

　　　　　本書の内容の一部あるいは全部を無断で複写複製（コピー・電子入力）することは、法律で認められた場合を除き、著作者および出版者の権利の侵害になりますので、その場合はあらかじめ小社あてに許諾をお求めください。

本書に関するご意見、ご質問は小社出版部宛まで文書か、sales@cutt.co.jp 宛に e-mail でお送りください。電話によるお問い合わせはご遠慮ください。また、本書の内容を超えるご質問にはお答えできませんので、あらかじめご了承ください。

Cover design Y.Yamaguchi
Copyright©2018　白土 良一／石原 正雄／伊藤 宏／武富 香麻里
Printed in Japan　ISBN 978-4-87783-436-4